ODESSA

Ein Wegweiser

von Nadja Helling und Brigitte Schulze

Zweite verbesserte Auflage, Odessa 2006
Verlag IMPULSE
Druck: Publikationszentrum Odessa
ISBN Deutschland 3-9810467-0-6
ISBN Ukraine 966-8169-10-7

INHALT

Odessa

einzigartige Stadt am Schwarzen Meer

Odessa – einzigartige Stadt am Schwarzen Meer

Katharina II.

Als Perle des Schwarzen Meeres wird Odessa bezeichnet, bunt und glitzernd von der Entstehung an: gegründet von einer Deutschen, Katharina der Großen, geplant von einem Holländer, Franz de Volan, gebaut unter der Leitung eines Spaniers, Admiral José de Ribas, und regiert von einem Franzosen, dem Herzog Richelieu, als ihrem ersten Bürgermeister. Die Wurzeln von Odessa reichen bis in die Zeit vor Christus, als die ersten Griechen dort siedelten. Außer ihnen haben seither viele Völker ihre Spuren dort hinterlassen: Deutsche, Italiener, Franzosen, Bulgaren, Juden und andere. Ihre Nachkommen leben heute in Odessa friedlich miteinander und demonstrieren so beispielhaft ein kleines Europa.

Mit ihren etwas mehr als zweihundert Jahren und rund einer Million Einwohnern ist Odessa eine verhältnismäßig junge und von ihrer Größe her überschaubare Stadt. Ein Hüpfer sozusagen unter den Großen wie Moskau und St. Petersburg. Sie war nicht die „Erste" im russischen Reich, aber auch nicht die „Letzte". Mit diesem häufig gebrauchten Ausspruch versuchte man den Rang der Stadt Odessa zu beschreiben. Ob Weltstadt, Dorf, Planet oder Zentrum des Universums,

Blick auf den Hafen

wie manche meinen, Odessa ist und bleibt einzigartig und unverwechselbar.

Geschichtsträchtig ist die Stadt allemal. Dem russischen Regisseur Sergej Eisenstein hat sie als Kulisse für seinen berühmten Film „Panzerkreuzer Potjomkin" gedient. Der legendäre Matrosenaufstand spielte sich auf den 192 Stufen der Potjomkin'schen Treppe ab. Ja und dann ist da noch die weltberühmte Oper, die von den österreichischen Architekten Fellner und Hellmer geplant wurde. Gründe gibt es also genug, der Stadt einen Besuch abzustatten. Und den wollen wir Ihnen durch die folgenden Informationen so angenehm wie möglich machen. Folgen Sie doch einfach unserer Einladung nach Odessa – in diese einzigartige Stadt.

Wir haben ausgewählte Plätze für Sie beschrieben. Sie können den Rundgang mit den örtlichen Reiseleitern machen oder individuell unseren Wegweisern folgen.

Noch ist das Angebot an Städtereisen nach Odessa klein. Es wird aber sicher nicht mehr lange auf sich warten lassen, bis internationale Reiseveranstalter auf den Geschmack kommen und Odessa als Reiseziel in ihre Kataloge aufnehmen. Bis dahin geben wir Ihnen einige Tipps für die individuelle Reise. Jetzt nämlich ist die Zeit, in der die so genannte „orangene" Revolution zu

José de Ribas

wirken beginnt. So wird der friedliche Protest der ukrainischen Bürgerinnen und Bürger bezeichnet, mit dem sie während der Präsidentenwahlen im Jahr 2004 viele Wochen lang enorme Zivilcourage bewiesen haben. Es ist ihnen dadurch gelungen, dem westlich orientierten Präsidenten Wiktor Juschtschenko in sein Amt zu verhelfen und so Demokratie und Rechtsstaatlichkeit in der Ukraine zu etablieren. Als zweitgrößte ehemalige sowjetische Republik nach Russland hat sich die Ukraine, als „Land am Rande", wie „Ukraina" wörtlich über-

Katharinaplatz

setzt heißt, damit aus eigener Kraft heraus ihren Platz auf der politischen Welt-

Über den Dächern von Odessa

bühne erobert. Wir wollen Ihnen Odessa zeigen als Stadt des Tourismus, des regen Geschäftslebens, als Stadt des Handels, der vielen Nationalitäten, der Musik, der kulinarischen Genüsse, ein Odessa der Dichter und Schriftsteller, aber auch der Gaukler und Komödianten. In Odessa ist nämlich der Humor zu Hause und in Odessa liegen die Gegensätze nahe beieinander. So brausen beispielsweise die teuersten Autos westlicher Hersteller mit hoher Geschwindigkeit über tiefe Schlaglöcher. Daneben balancieren elegant gekleidete Frauen in hochhackigen Schuhen über Baustellen. Teure Läden bieten ihre ausgefallenen Luxusgüter in teilweise verfallenen Gebäuden an. Neue, oft recht moderne Häuser (ent)stehen neben Ruinen. So verfallen auch manche Ecke Odessas aussehen mag, jeder Stein dort kann seine Geschichte erzählen vom Charme der Stadt, der auch heute noch spürbar ist.

Dass immer wieder mal das Wasser oder der Strom abgestellt werden, gehört, wenn Sie dieses Buch in Händen halten, sicherlich längst der Vergangenheit an. Sollte es dennoch vorkommen, dass Sie im Dunkeln sitzen oder die Toilette bei Kerzenlicht mit Wasser aus dem vorher abgefüllten Kanister nachspülen müssen – nehmen Sie es mit Humor! Denn das ist das Einzige, was in Odessa nie ausgeht. Jedes regionale oder weltpolitische Ereignis wird in dieser außergewöhnlichen Stadt sofort mit einem neuen Witz pariert.

Lebensfreude in Odessa

In Odessa wird gebaut

ВОКЗА

Odessas viele
Völker und ihre
Kultur
Vom deutschen
Kirchturm bis
zur arabischen
Moschee

Ich lebte damals im Getümmel
Odessas, dieser staub'gen Stadt.
Die viel Verkehr, viel heitern Himmel
und einen lauten Hafen hat.
Dort wehen schon Europas Lüfte,
dort streut der Süden Glanz und Düfte,
pulsiert das Leben leicht beschwingt;
Italiens holde Sprache klingt
auf allen Straßen; hier Slowenen,
dort Spanier, Frankreich Griechenland,
hat reiche Kaufherren her gesandt,
Armenier feilschen mit Rumänen;
selbst aus Ägypten stellt sich dar,
Held Mor-Ali, der Ex-Korsar.

Alexander Puschkin,
aus dem Roman in Versen
„Eugen Onegin"

Schon die Straßennamen machen deutlich, wer hier lebt: Luthergasse, Jüdische Straße, Griechische und Bulgarische Straße, Italienische, Spanische, Polnische Straße, der Französische und Italienische Boulevard. Die Völker sind im Alltag präsent. Alle haben etwas zum heutigen Gesicht von Odessa beigetragen.

Manche sagen, Odessa sei von leichtlebigen Abenteurern gegründet worden. Andere meinen, es seien Romantiker gewesen, die die Stadt aufgebaut und mit ihrem Geist belebt hätten. Es mag beides richtig sein. In Odessa blüht das Geschäftsleben der Abenteurer genauso wie die Kultur der Romantiker. Odessa war schon seit der Gründung eine offene Stadt, die jeden willkommen hieß, der sich in ihr betätigen und etwas zu ihrem Wohl beitragen wollte (siehe Kasten Geschichte von Odessa S. 24).

Odessa wurde wie ein „gemeinsames Kind" von Griechen, Russen, Italienern, Deutschen, Ukrainern, Armeniern, Franzosen und vielen anderen Völkern gleichermaßen aufgezogen, versorgt und in seiner Entwicklung gefördert. Bis heute ist die

Französisches Kulturzentrum
pl.* Ekaterininskaja 5
65026 Odessa
Tel. +380 /482/ 21 06 57, 21 92 36
E-Mail: cfdf@utel.net.ua
www.ambafrance.kiev.ua

* pl. = Ploschtschadj, in Deutsch: Platz

Griechisches Kulturzentrum
Krasnij Pereulok 16/20
65026 Odessa
Tel. +38 /482/ 35 71 36, 35 71 37
Fax +380 /482/ 34 66 40
E-Mail: fondhc@te.net.ua
www.hfcodessa.org

Stadt ein Schmelztiegel der Sprachen und der Mentalitäten. Und nie käme jemand auf die Idee, zu überlegen, mit wem er gerade gesprochen hätte, ob dies ein Franzose, eine Bulgarin, ein Grieche, eine Deutsche, ein Russe, eine Italienerin oder sonst wer war. Auf die Frage nach dem Akzent lässt sich nach odessitischer Manier leicht mit einer Gegenfrage antworten: „Wer hat in Odessa keinen Akzent?" Die verschiedenen Volksstämme schmolzen in Odessa von Anfang an zu einer bunten Masse zusammen, in der alle einfach Odessiten waren und bis heute sind. Allein die Zugehörigkeit zu dieser pulsierenden Stadt gilt von jeher wie ein eigenes Nationalitätsmerkmal.

Zwanzig Partnerstädte in der Welt belegen bis heute die Weltoffenheit Odessas: Alexandria, Baltimore, Genua, Haifa, Kalkutta, Konstanza, Liverpool, Lodsz, Marseille, Piräus, Regensburg, Split, Szeged, Tripoli, Valencia, Vancouver, Varna, Yokohama, Oulu, Zindao. Die multinationale Kultur wird nicht nur bei besonderen Anlässen zelebriert, sondern auch im Alltag miteinander gelebt. Die verschiedenen Kulturzentren bezeugen dies ebenso wie die vielen Veranstaltungen, die Griechen, Bulgaren, Araber, Deutsche, Italiener, Franzosen und die Vertreter aller anderen Nationalitäten im freundschaftlichen Miteinander und mit teilweise gemeinsamen Kulturprogrammen durchführen. Rund 133 Nationalitäten sind offiziell in Odessa registriert und inoffiziell sollen es noch mehr sein. Einige haben seit gut zehn Jahren ihre eigenen Kulturzentren und sind mehr oder weniger organisiert.

Zu den ältesten Volksgruppen in Odessa gehören neben Russen, Ukrainern, Griechen, Bulgaren, Armeniern, Georgiern, Polen, Moldauern die Deutschen. Allein

Bulgarisches Kulturzentrum
ul. Vizeadmirala Schukowa 9
65026 Odessa
Tel. +380 /482/ 22 32 65, 22 64 04, 26 35 19

Arabisches Kulturzentrum
ul. Richeljewskaja 49**
65000 Odessa
Tel. +380 /482/ 37 91 60

** ul.= uliza, in Deutsch: Straße

ehemals Café und Konditorei Liebmann

schon durch den Gründungserlass von Katharina der Großen haben die Deutschen eine besonders enge und lange Verbindung zu Odessa entwickelt. Schließlich kamen sie Anfang des 19. Jahrhunderts auf Einladung der damaligen Zarin (deutscher Herkunft) als Kolonisten in das damalige Neurussland (heute ein Teil der jetzigen Ukraine) und siedelten sich im Süden des Landes und in Bessarabien an. Mit ihrem Fachwissen und ihrem Fleiß leisteten sie einen großen Beitrag zur Entwicklung der Stadt. Von den fünf großen Mietshäusern, die es damals in Odessa gab, gehörten zwei deutschen Geschäftsleuten. 1803 entstand als erste deutsche Ansiedlung westlich von Odessa das Dorf Großliebenthal, das heutige Welikodolinskoje. Es folgten weitere Dörfer. Im Zuge der Massenauswanderung von deutschen Bauern, Handwerkern und Gelehrten aus Baden-Württemberg, dem Elsass und aus Rheinland-Pfalz wurden im Laufe von zehn Jahren mehr als dreißig Siedlungen in der Umgebung von Odessa gegründet. 1897 lebten in der Stadt mehr als zehntausend Deutsche. Die fleißigen Kolonisten packten an und verwandelten die Steppe bald in blühendes Ackerland. Mit ihrer Arbeit und ihrem Kapital stärkten sie die Wirtschaft der Region. Deutsche waren führend in der Landwirtschaft, im Weinbau, in der Tierzucht und bei der Herstellung von Seide und Tabak. Auch die ersten Optiker, Waffenschmiede, Pharmazeuten und

Goldschmiede in Odessa waren Deutsche. Neue Industriebranchen, die man damals in Odessa nicht kannte, Seifensiedereien, Betriebe zur Herstellung von Uhren sowie Brauereien, wurden von Deutschen eingeführt. Zu Ehren eines damaligen Brauereibesitzers wurde eine Biersorte „Wilhelm Sanzenbacher" genannt. Deutsche Fabrikanten begannen Farben und Lacke zu produzieren. Einige Betriebe, die von Deutschen gegründet wurden, zum Beispiel einer zur Herstellung landwirtschaftlicher Werkzeuge und eine Schiffswerft, arbeiten bis heute.

Sehr populär war zu dieser Zeit das Cafe Liebmann. Es befand sich in dem Eckhaus schräg gegenüber dem Ende der ul. Deribasowskaja, direkt neben der historischen Gajewskij-Apotheke. Es war nach seinem Gründer, dem Bäcker und Konditor Bernhard Liebmann, benannt. Vor allem die Künstler von Odessa schätzten das Caféhaus, weil man dort erlesenen Kaffee trinken, frische Brötchen und die besten Kuchen essen sowie aktuelle Zeitungen in Deutsch, Französisch, Italienisch und Griechisch lesen konnte.

Auch im Bildungswesen haben sich die Deutschen engagiert und u. a. das Richelieu-Gymnasium sowie die landwirtschaftliche und pädagogische Hochschule in Odessa mitbegründet. Zu den bekanntesten Universitätsprofessoren und Medizinern deutscher Abstammung dieser Zeit gehören der Botaniker und Zoologe Alexander Nordmann, der Biologe und Meeresforscher Ludwig Reinhardt, der Geograph Philipp Karl Brun,

Konservatorium Odessa

der Archäologe Ernst von Stern sowie der Mathematiker Nikolaus Lange.

Deutsche haben die zweisprachige „Odessaer Zeitung" in Russisch und Deutsch herausgegeben sowie die „Deutsche Rundschau". Auch musikalisch haben sie ihre Spuren hinterlassen und mehrere private Musikzentren gegründet. Eines davon wurde später das Konservatorium, das erst in jüngster Zeit in „Musikakademie Neschdanowa" umbenannt wurde. Dort hat der weltberühmte Pianist Swjatoslaw Richter studiert, zu dessen Ehren vor wenigen Jahren in Odessa eine Richter-Stiftung gegründet wurde.

Nicht zuletzt ist das europäische Aussehen der Stadt deutschen Architekten zu verdanken. Hermann Scheurembrandt, Waldemar Kundert, und Paul Ulrich Klein haben maßgeblich daran mitgewirkt. Und mit Hans Hermann kümmerte sich ein deutscher Gärtner auf Einladung von Herzog Richelieu fünfzig Jahre lang darum, die Schwarzmeersteppe zu kultivieren, in Odessa Bäume zu setzen, Gärten anzulegen und Blumen zu züchten.

Kriege, Deportationen, nationale und religiöse Verfolgungen führten in der ersten Hälfte des zwanzigsten Jahrhunderts dazu, dass die starke, deutsch sprechende Gemeinde dezimiert und alle ihre Errungenschaften fast völlig vernichtet wurden. Erst in der Neuzeit und verbunden mit der politischen Unabhängigkeit der Ukraine fließt in die alten historischen Beziehungen wieder neues Leben. Die ehemals nach Kasachstan und Sibirien deportierten Deutschen wurden in den neunziger Jahren des zwanzigsten Jahrhunderts

Haus der Kirche

ul. Nowoselskaja 68, 65023 Odessa
Tel. +380 /048/ 777 32 61 bis 64
E-Mail: kanz.lut@paco.net

Übernachtungsmöglichkeiten in einfachen, sauberen Zimmern für ca. 30 Euro pro Nacht; 11 Zimmer mit insgesamt 16 Gästebetten vorhanden, Arbeitsräume und ein Aufenthaltsraum stehen auch Reisegruppen aus Deutschland zur Verfügung. Direkt neben dem „Haus der Kirche" steht die Ruine der historischen lutherischen Kirche (Ende 19. Jahrhundert). Sie wird demnächst renoviert. An sie angebaut, soll das neue „Deutsche Zentrum St. Paul" für Kultur und Wirtschaft entstehen;

wieder neu im Süden der Ukraine angesiedelt. Damit einher gingen 1993 die Gründung des Bayerischen Hauses in Odessa und das Wiederaufleben des Gemeindelebens der evangelisch-lutherischen Kirche St. Paul in Odessa. Dass die Geschichte präsent ist, merkt, wer diese Kirche sucht. Denn sie ist in ganz Odessa unter dem deutschen Wort Kirche bekannt. Wer mehr wissen will, kann mit Elwira Plesskaja-Seybold einen Rundgang durch das Viertel machen, in dem die Deutschen wohnten. Kontakt über das Haus der Kirche.

In den letzten zehn Jahren entstanden auch die Kulturzentren der anderen Volksgruppen. Pflegen viele von ihnen eher unscheinbar ihren Geschäftsbetrieb in gewöhnlichen Wohnhäusern, so bereichern wiederum andere mit ihrem besonderen Äußeren die Stadt. Ein gutes Beispiel dafür ist das Arabische Kulturzentrum in der ul. Richeljewskaja. Jede Gruppe trägt auf ihre Weise zu einem vielfältigen Kulturleben der Stadt bei. Fast alle unterhalten eine Bibliothek, einen Chor, bieten Sprachkurse an, führen Ausstellungen und Wettbewerbe durch, fördern den Austausch mit Jugendlichen ihrer Heimatländer und feiern in Odessa jeweils ihre nationalen Feiertage.

Von all den Völkern, die Odessa prägten, haben die Juden besonders nachhaltige und deutliche Spuren hinterlassen. 1769 durften sie auf Geheiß von Katharina II. an der nördlichen Schwarzmeerküste eine neue Region besiedeln. Im Laufe der Jahre erhielten die jüdischen Siedler Privilegien, die sonst keine Gemeinde in Osteuropa genoss. Die Juden prägten sowohl den ganzen Landstrich als auch später das öffentliche Leben von Odessa.

Bayerisches Haus Odessa

ul. Uspenskaja 60, 65045 Odessa
Tel. +380 /482/ 49 60 96, +380 /48/ 715 01 20
Fax +380 /482/ 34 52 76; E-Mail: v.Ken@paco.net
Internet: http://bayernhaus.odessa.ua

Kulturelle Veranstaltungen, Lesesaal des Goethe-Instituts integriert; regelmäßige Vorführung deutscher Filme; Sprachkurse in Deutsch, Ukrainisch, Russisch; Wirtschaftsförderung, Sozialarbeit.

Odessitische Juden heute

Ende des 18. Jahrhunderts waren zehn Prozent der Bevölkerung Odessas Juden. Sie betätigten sich im Handel, in Finanzgeschäften und bei der Leitung der Stadt. Die Stadtväter de Ribas, Richelieu und Woronzow pflegten während ihrer Regierungszeit eine besonders innige Beziehung zur jüdischen Gemeinde.

Vor allem bei der Entwicklung der Kunst und Musik in Odessa leisteten die Juden einen großen Beitrag. Die Klassiker der großen jüdischen Literatur wie Mendele Mojcher Sforim und Scholem Alejchem schrieben viele ihrer Werke in Odessa. Große Interpreten wie die Pianisten Emil Gilels, die Geiger David Oistrach und Michael Goldstein sind mit der Stadt aufs Engste verbunden und in die internationale Musikgeschichte eingegangen. Gedenktafeln an den Häusern, in denen sie im alten Stadtkern lebten, etwa in der Pereulok Tschaikowskogo oder der ul. Bunina weisen auf sie hin. Auch die Atmosphäre der Heiterkeit und Leichtigkeit, die Odessa umgibt, sei Verdienst der Juden, schrieb der bekannte, in Odessa geborene Schriftsteller Isaak Babel. Die Juden seien ein Volk, das einige recht einfache Dinge recht gut gelernt habe. „Sie heiraten, um nicht einsam zu sein, sie lieben, um Jahrhunderte zu leben, sie häufen Geld an, um Häuser zu haben und ihren Frauen Persianer schenken zu können. Sie sind kinderlieb, weil es sehr gut

Israelisches Kulturzentrum
65026 Odessa
ul. Pastera 11
Tel. +380 /482/ 23 12 07, 23 02 05, 23 44 11, 23 40 80
Fax +380 /482/ 23 61 06
E-Mail: icc@center.ua
www.centec.center.odessa.ua

und notwendig ist, seine Kinder zu lieben." Die Juden seien zwar häufig von Gouverneuren und anderen Mächtigen eingeschüchtert worden, aber nicht leicht aus ihrer Position zu verdrängen gewesen. Man könne sogar vieles von ihnen lernen.

Der Genozid des Zweiten Weltkriegs verschonte auch die Juden in Odessa nicht. Von den einhundertachtzigtausend Juden, die vor dem Krieg in Odessa lebten, wurden viele vernichtet oder in Lager deportiert. Ein Holocaust-Mahnmal auf dem Prochorowsky Platz erinnert daran. Zahlreiche Juden haben seither Odessa für immer verlassen. Heute leben etwa zehntausend Juden in Odessa.

Im „Zentrum der jüdischen Kultur" sollen jüdische Sitten und Gebräuche wieder belebt werden. In Veröffentlichungen wird die religiöse Bedeutung der jüdischen Feiertage erklärt. Gedichte aus dem Ghetto und andere Texte sollen an den Massenmord an Zehntausenden odessitischer Juden durch die Nationalsozialisten und an die Repressalien des Spätstalinismus erinnern.

Internationaler Club der Odessiten
65014 Odessa
ul. Maraslijewskaja 7
Tel. +380 /482/ 25 45 67
+380 /48/ 724 01 35
E-Mail: inpr@eurocom.od.ua
www.odessitclub.org

Nicht nur Juden, auch viele Odessiten anderer ethnischer Gruppen haben die Ukraine verlassen und leben im Ausland. Die meisten von ihnen bleiben ihrer Heimatstadt als Mäzene und Gönner eng verbunden. Einige von ihnen haben den internationalen Club der Odessiten gegründet. Der Club unterhält ein Büro in Odessa, veranstaltet Ausstellungen, Konzerte und Konferenzen und ist im Internet präsent.

Holocaust-Denkmal in Odessa

Poetisches Odessa

Odessa ist nicht nur die Heimat vieler berühmter Musiker, sondern auch die zahlreicher Schriftsteller und Dichter: Walentin Katajew, Wera Inber, Semjon Kirsanow, Jurij Oleschа und Kornej Tschukowskij stammen aus Odessa. Iwan Bunin wurde für seine literarischen Leistungen der Nobelpreis verliehen. Mit Odessa sind die Namen von Alexander Puschkin, Alexander Kuprin und Konstantin Paustowskij eng verbunden. Sie lebten und arbeiteten in Odessa und schrieben auch über die Stadt.

Viele von ihnen, wie Anna Achmatowa, Eduard Bagrizkij, Ilja Ilf, Eugen Petrow, Walentin Katajew und Isaak Babel, verließen später Odessa, zogen nach Moskau und St. Petersburg und machten dort Karriere. Alle haben sich aber die Liebe zu Odessa bewahrt und diese häufig auch in ihrem Schaffen ausgedrückt. Die junge Dichterin Anna Achmatowa nannte ihr erstes Poem „Am Ufer des blauen Meeres". Der Dichterin zu Ehren wurde bei der „12. Station der großen Fontäne", wo sie geboren wurde und aufgewachsen ist, ein Denkmal aufgestellt.

Überhaupt lieben es die Odessiten, Denkmäler aufzustellen, für die, auf die sie stolz sind, oder nach ihnen Straßen zu benennen. Dem Dichter und Schriftsteller Alexander Puschkin zu Ehren wurden gleich zwei Denkmäler in der Stadt gewidmet und eine Straße nach ihm benannt (siehe Beschreibungen Puschkindenkmal im Kapitel Sehenswertes ab S. 36). Nach dem Dichter Eduard Bagrizkij ist eine Straße benannt. Er gehört zu den prominentesten russischen romantischen Dichtern der zwanziger und dreißiger Jahre. In seinen Werken besang er die Oktoberrevolution von 1917 und die Enthusiasten, die den jungen sowjetischen Staat aufbauten und an eine glückliche Zukunft glaubten.

Und natürlich gehören die Schriftsteller Ilja Ilf und Eugen Petrow mit ihren Werken „Die zwölf Stühle" und „Das goldene Kalb" zu Odessa. Hauptheld in ihren Büchern ist stets der sympathische, schlagfertige und abenteuerlustige Mensch. Kurzum der, den es nur in Odessa gab und gibt. Viele Redewendungen und Ausdrücke aus diesen Büchern sind in die Sprache der Odessiten eingegangen und werden in der täglichen Rede verwendet. Damit diese nicht nur Odessiten verstehen, hat man ein Wörterbuch der odessitischen Sprache herausgegeben.

Gelehrtes Odessa

Nicht nur Poesie, auch die Wissenschaft ist in Odessa zu Hause. Gelehrte von Weltrang aus Odessa haben Wissenschaft und Forschung mit ihren Entdeckungen bereichert. Drei von ihnen haben die Odessaer medizinische Hochschule gegründet: der russische Chirurg Pirogow, der Physiologe und Psychologe Iwan Setschenow und der Biologe Ilja Metschnikow. Die von ihnen ins Leben gerufene Fakultät entwickelte sich zu einem der größten Zentren der medizinischen Forschung und Ausbildung im Süden der Ukraine. 1936 entstand in Odessa auf Betreiben des bekannten sowjetischen Augenarztes Wladimir Filatow die berühmte Augenklinik: das Institut für Augenkrankheiten und Gewebetherapie. Bis heute ist die Filatowklinik bei Patienten aus der Ukraine und der ganzen postsowjetischen Region beliebt.

Hervorragende Gelehrte, wie die Begründer der Raumfahrttechnik, Walentin Gluschko und Sergej Korolew, waren in Odessa zu Hause. Walentin Gluschko hat sich durch die Entwicklung von Raketentriebwerken einen Namen gemacht. Unter der Leitung von Sergej Korolew, der zwar in Schitomir geboren, aber in Odessa aufgewachsen ist, wurden die Raumschiffe „Wostok" und „Woschod" gebaut. Sie transportierten die ersten Menschen ins Weltall, die die Raumschiffkapsel sogar verlassen haben. Korolew hat Raketen, Sputniks, Satelliten, Sonden, Raumfahrzeuge und Trägerraketensysteme entwickelt. Mit Hilfe der Korolew'schen Technik wurden Satelliten auf die Erdumlaufbahn geschickt und unbemannte Weltraumstationen zum Mond, zur Venus und zum Mars.

In Odessa arbeitete und unterrichtete längere Zeit der russische Chemiker und Begründer des Periodensystems der chemischen Elemente, Dmitrij Mendelejew. Stolz sind die Odessiten auf ihren Landsmann George Gamow. Er wurde in den USA zum anerkannten Physiker. In zahlreichen Arbeiten erforschte er die Struktur der Atomkerne, wandte die Quantentheorie auf den Alphazerfall von Atomkernen an, widmete sich der Theorie des Betazerfalls und der schwachen Wechselwirkung, thermonuklearen Reaktionen sowie der Entstehung chemischer Elemente. Gamow förderte die Vorstellung vom expandierenden Weltall und prägte die Bezeichnung „Big bang" für den Urknall. Seine Beiträge trugen zur Popularisierung der Physik bei.

Odessa – wie es wurde, was es ist

„Es hatte, wer es wollte", hört man heute leger über die Gründung und die Entwicklung von Odessa sagen. So genau nimmt man es damit nicht. Einige Eckdaten gibt es aber dennoch: Zwischen dem 6. und 4. Jahrhundert v. Chr. besiedelten die Griechen das Gebiet nördlich des Schwarzen Meeres, das sie „Pont Euxinus", gastfreundliches Meer, nannten, und gründeten 647 v. Chr. die altgriechische Stadt Borisphen. Später bewohnten Sarmaten, Skythen, Goten und Kimmerier das Land. Im ersten Jahrhundert nach Christus beherrschten es die Römer. Danach wurden die Slawen dort ansässig. Immer wieder fielen Tataren und Mongolen in deren Siedlungen ein. Im 13. und 14. Jahrhundert nahmen sie das Land ein und verleibten es ihrem mächtigen Staat „Goldene Horde" ein.

Odessa als Stadtname:

Es gibt einige Versionen über die Entstehung des Namens der Stadt. Eine davon besagt, dass der Stadtname von der altgriechischen Kolonie Odessos abgeleitet wurde, die da gelegen haben soll, wo heute Odessa liegt. Auch wollte man auf russische Art mit diesem weiblichen Namen die damalige Herrscherin Russlands, Katharina II., als Frau an der Macht, ehren. Später wurde allerdings festgestellt, dass die altgriechische Kolonie Odessos an der Stelle der heutigen bulgarischen Stadt Varna lag.

In der zweiten Hälfte des 15. Jahrhunderts kamen die Türken in das Gebiet des heutigen Odessa, gründeten dort die Siedlung Chadschibej und befestigten sie 1764 durch die Festung „Eni Dunja", was so viel wie neue Welt bedeutet. Im Jahr 1789 eroberten russische Truppen unter der Leitung von Admiral De Ribas das Gebiet nördlich des Schwarzen Meeres. Die Region erhielt den Namen „Neues Russland". Neben ukrainischen Kosaken und Bauern siedelten sich vor allem Soldaten und Matrosen an, die an den Feldzügen des russischen Generalfeldmarschalls Suworow teilgenommen hatten. Am 27. Mai 1794 wurde der entscheidende Erlass der Zarin Katharina der Großen verabschiedet. In ihm heißt es: „Der günstigen Lage von Chadschibej Acht gebend, finden wir es für vorteilhaft, hier einen Marine- und Handelshafen zu gründen". Am 2. September 1794 wurde der Grundstein zum Bau des Hafens gelegt. Im Jahr darauf wird die Stadt Chadschibej umbenannt und erhält ihren heutigen Namen Odessa.

Dank der günstigen geographischen Lage entwickelten sich die Stadt und der Hafen zusehends. Bereits zu Beginn des 19. Jahrhunderts war Odessa zu einem der bedeutendsten Häfen Russlands von gleichzeitig internationalem Rang geworden. 1817 erhielt Odessa den Status Porto franko und bekam das Recht zum zollfreien Handel, was die junge Stadt bald in ganz Russland populär machte. Odessa war damals das Zentrum des Getreidehandels und übertraf im Außenhandel zum Ende des 19. Jahrhunderts sogar den Hafen von St. Petersburg.

Zur Zeit der Gründung lebten etwa zweihundert Menschen in Odessa. Nach nur zwei Jahren waren es schon dreitausend. Um den Aufbau der Stadt zu fördern, hatte Admiral De Ribas Vergünstigungen für diejenigen geschaffen, die sich in Odessa eine Existenz aufbauen wollten. Die Neuankömmlinge waren die ersten fünf Jahre von Steuern befreit, erhielten kostenlosen Boden und weitere Anreize, sesshaft zu werden. Dies lockte vor allem viele Italiener, Franzosen, Griechen, Albaner, Bulgaren, aber auch Angehörige anderer Nationalitäten in die Stadt.

Auf Einladung der Zarin Katharina der Großen kamen auch zunehmend Deutsche in das neu erschlossene Gebiet des südlichen Russlands. Auch die deutschen Siedler erhielten als Geschenk große Grundstücke, wurden für zehn Jahre von den Steuern befreit. Als weitere Privilegien zum Dank für die Erschließung des Landes wurde ihnen die freie Religionsausübung und die Befreiung vom Militärdienst zugesagt.

Bis zum Anfang des 19. Jahrhunderts kam so ein buntes Völker- und Sprachengemisch in Odessa zusammen. Die Verständigung war problemlos. Im Notfall benutzte man, wie überall auf der Welt, auch Hände und Füße dazu. Deshalb, so eine echte Odessaer Anekdote, sind die Bürgersteige bis zu acht Metern breit. Wenn sich nämlich zwei Paare begegneten, sollten sie genug Platz für ihre Begrüßung haben.

Nach der Oktoberrevolution von 1917 kam die Industrie nach Odessa. Über einhundertfünfzig Betriebe wurden neu errichtet. Zu den wichtigsten Unternehmenszweigen gehörten damals wie heute Maschinenbau, Metall verarbeitende Industrie, Leichtindustrie und die Nahrungsmittel verarbeitende Industrie. Mit dem Aufbau des neuen Hafens Juschnij wurde auch die chemische Industrie in Odessa ansässig.

Während der Sowjetherrschaft ordnete sich das Leben in Odessa dem herrschenden System unter. Vieles verschwand aus dem Alltag, einzig der Humor der odessitischen Bevölkerung widerstand jedem politischen Zwang.

Gütesiegel für Qualität

Die Oper in Odessa

ein Prunkstück österreichischer Architektur, und anderes rund um Musik und Kultur

„Allein des Theaters wegen würde ich gern in Odessa bleiben", schrieb der weltbekannte Bass Fjodor Schaljapin 1899 nach seinen Auftritten in der Odessaer Oper begeistert an einen Freund in St. Petersburg. Es ist ohne jeden Zweifel ein besonderes Theater. Das Gebäude umgibt eine besondere Aura. Drinnen weht ein Mythos. Er wird seit seinem Einzug vor vielen Jahren dort geradezu kultiviert. Schaljapin verglich das Gebäude mit einem „wunderschönen Tempel". Schon vom Hafen her ist dieses Prachtstück der Stadt unübersehbar. Wegen seines architektonischen Prunks gilt es als eines der schönsten Opernhäuser der Welt. Es braucht den Vergleich mit der Mailänder Scala, der Pariser Oper, der Wiener Staatsoper und der New Yorker Metropolitan Opera nicht zu scheuen. Die großen Hallen, Foyers und Treppen im Inneren sowie die Säulen und Balustraden schmücken Stuck, Plüsch, Marmor, Blattgold, edle Hölzer sowie fein geschliffenes Glas. Die berühmte „weiße Galatreppe" führt zu den oberen Rängen. Und der riesige Kronleuchter aus Kristall mit seinen mehr als zwei Tonnen Gewicht scheint im Raum zu schweben. Der Saal ist für seine unvergleichliche Akustik berühmt. Ein Flüstern auf der Bühne ist noch in der letzten Reihe zu hören.

Vergoldete Decken

Außen ist die Oper unverkennbar das Werk der beiden Wiener Architekten Fellner und Hellmer.

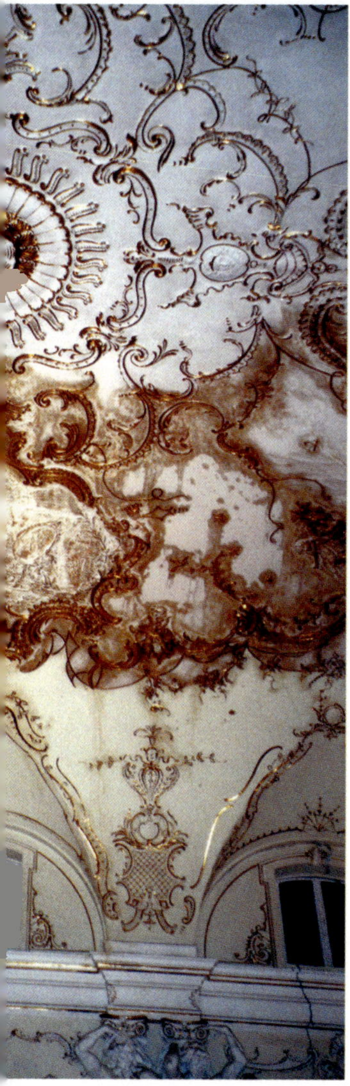

Bei einem internationalen Wettbewerb Ende des 19. Jahrhunderts wurde ihr Entwurf für ein neues Opernhaus im Stil des Wiener Barocks gewählt. Das alte Theater war einem Brand zum Opfer gefallen. Links über dem Haupteingang sieht man die Skulptur von Orpheus mit seiner Harfe. Er symbolisiert die Oper. Rechts, ihm gegenüber, lehrt die Muse Terpsichore ein Mädchen das Tanzen: Symbol für das Ballett. Über dem Haupteingang thront Melpomene aus der griechischen Mythologie. Sie wird gezogen von einem Vierergespann mit Panthern und ist die Schutzpatronin der Künste. Zwei Skulpturengruppen im äußeren Eingangsbereich stellen Szenen aus Theaterstücken der altgriechischen Dramatiker Euripides und Aristophanes dar.

Im 19. Jahrhundert war es das einzige Theater auf dem Territorium des damaligen Neurusslands. Es wurden darin nicht nur Opern und Ballette, sondern auch Dramen aufgeführt. Das spätere „Akademische staatliche Theater für Oper und Ballett", so die offizielle Bezeichnung, war immer ein Platz gewesen, der berühmte Sänger und Komponisten anzog. Ende des 19. Jahrhunderts dirigierte der Komponist Peter Tschajkowski dort seine Oper „Pique Dame". Nikolaj Rimski-Korsakow und Alexander Glasunow führten ihre Werke unter eigener Leitung dort auf.

Schon bei der Gründung der ersten Oper vor fast

zweihundert Jahren hatte Herzog Richelieu verstanden, dass der Mensch nicht vom Brot allein lebt. Als Bürgermeister von Odessa und Gouverneur der Region hatte er im Auftrag Zar Alexanders I., um die Region wirtschaftlich emporzubringen, ein Theater bauen lassen. Richelieu wollte das Leben in der damals rund zehntausend Einwohner zählenden Stadt auf europäisches Niveau bringen und ein internationales Publikum mit Geschäftsinteressen anziehen. Zu dieser Zeit gab es nur in den Metropolen Moskau und St. Petersburg Theater, nicht aber in vergleichbaren Städten wie Odessa. Alexander I. bewilligte ihm dennoch für den Bau der Oper eine für die damalige Zeit beispiellose Summe von zwanzigtausend Rubeln. 1809 war das erste Theater der Stadt fertig und gleich für drei Jahre im Voraus abonniert. Für die Verdienste um die Stadt und die Region wurde Graf Richelieu 1828 am oberen Ende der Potjomkin'schen Treppe ein Denkmal gesetzt (siehe auch Kapitel Sehenswertes, Denkmäler ab S. 36).

Die Ränge

Bereits zur damaligen Zeit, als der Dichter Puschkin wegen satirischer und politischer Gedichte aus Moskau unter anderem nach Odessa verbannt war, galt die Oper in Odessa als Kontrollpunkt für Qualität. Und noch heute erzählt man in Odessa stolz, ein Engagement als Sänger/in oder Musiker/in in der Odessaer Oper sei gleichbedeutend gewesen mit einem Gütesiegel für Qualität und damit wie eine Eintrittskarte zu allen großen Bühnen der Welt.

Das heutige Theater ist ein Prunkstück, auf das die Stadt mit Recht stolz sein kann. Es war für Odessa in den vergangenen Jahren leider auch das Sorgenkind Nummer eins. Denn schon mehr als einmal hieß es, das prachtvolle Opernhaus werde ins Meer absinken, in sich zusammenfallen und dem Erdboden gleich werden. Freilich waren solche Schreckensszenarien stets übertrieben, im Kern aber wahr. Denn seit seiner Erbauung war das in den Jahren zwischen 1884–1887 errichtete Theater vom Absinken bedroht.

Bereits dreizehn Jahre nach der Fertigstellung des Theaters waren erste Restaurierungsarbeiten nötig, um die damalige Senkung zu beheben. Millionen von Haarrissen hatten die Mauern durchzogen. Die unregelmäßige Belastung des drei Stockwerke hohen Gebäudes sowie das Nachgeben des Lößbodens werden dafür verantwortlich gemacht, dass sich das rund fünfzigtausend Tonnen schwere Gebäude kontinuierlich zum Meer hin bewegt hat. Dabei mag eine nicht unmaßgebliche Rolle spielen, dass die Gebäude im Zentrum von Odessa über Hohlräumen errichtet wurden. Diese entstanden, weil der Muschelkalkstein als Baumaterial zur Errichtung der Gebäude der Stadt aus dem Untergrund geholt wurde.

Foyer des Theaters

Um dem „Ausrutscher" Einhalt zu gebieten, wurden in den vergangenen Jahren vermehrt Baumaßnahmen durchgeführt. Aber erst Anfang dieses Jahrhunderts ist es den Ingenieuren gelungen, das Fundament der Oper mit insgesamt achtzehnhundert Stahlbetonpfählen grundlegend zu befestigen. Diese künstlichen Pfähle stützen heute das gesamte Fundamentband des Theaters. Jeder Einzelne von ihnen kann bis zu fünfzig Tonnen Gewicht aushalten, dreißig werden gegenwärtig jedem davon zugemutet. An verschiedenen Punkten eingebaute Sensoren haben seither gemessen, dass die Senkung des Theaters seit dem Mai des Jahres 2000 aufgehört hat.

Gemessen am Anfangsdatum des ersten Erlasses zur Renovierung aus dem Jahr 1996 wurde die Oper bis jetzt bereits ein Jahrzehnt lang restauriert. Die politischen Wirren der Perestroikazeit begünstigten undurchsichtige Machenschaften. Gelder, die für die Renovierung bestimmt waren, verschwanden einfach. Schon mehrmals haben in den vergangenen Jahren kulturinteressierte Intellektuelle sowie Ensemblemitglieder der Oper odessitische Geschäftsleute mobilisiert, um die Oper „zu retten" und den Kampf gegen die Korruption zu gewinnen. Dadurch hat die Oper in Odessa viel von ihrem guten Image verloren. Daher muss sich das Haus nun musikalisch wieder neu beweisen und Odessa seinen früheren Ruf als Opern- und Musikstadt von Welt verteidigen. Schließlich stammen bekannte Virtuosen wie David Oistrach, Michael Goldstein, Elisaweta Gilels, Emil Gilels, Nathan Milstein und Swjatoslaw Richter aus Odessa und haben dort ihre

Opern- und Balletttheater
Per. Tschajkowskogo 1
Tel. +380 /482/ 29 13 18
und 22 22 30

Der Spielplan hängt neben dem Theater aus. Es gibt Vorverkaufskassen in der Stadt. Lang im Voraus festgelegte Spielpläne sind noch nicht üblich.

Freunde für die Odessa-Oper e.V.
unterstützen als gemeinnützige Vereine in der Ukraine und in Deutschland die Oper und Opernkunst in Odessa in künstlerischen und organisatorischen Belangen.

Kontakt Ukraine:
Per. Tschaikowskogo 8, Büro 14
Tel. +380 /48 / 718 20 71, +380 / 482 / 22 41 43
Fax +380 /48/ 718 20 77,
Mobiltel. +380 /50/ 469 36 47

Kontakt Deutschland:
Tel. +49 /881/ 63 125
Mobil +49 /171/ 199 10 17
E-Mail: odoinfo@ukr.net
BriSchulze@aol.com

Über dem Haupteingang

Karriere begonnen. Auch heute gibt es zahlreiche gut ausgebildete junge Instrumentalisten und Sänger in Odessa. Leider verlassen viele von ihnen nach der Ausbildung nicht nur das Konservatorium von Odessa oder die berühmte Stoljarskij Musikschule, sondern häufig auch das Land, weil sie anderswo mehr verdienen können. Wie in vielen westlichen Ländern sind auch in der Ukraine und in Odessa die Gelder für Kultur knapper als die für andere Haushaltsposten im Staatsbudget.

Es wird aber sicher die Zeit kommen, in der die Stadt ihre Musiker und Sänger wieder als ihr ureigenstes Kapital schätzen wird. Dann wird für diese, unterstützt durch materielle

Galatreppe

Anreize, das Leben und Arbeiten in der westeuropäisch geprägten Stadt sicher wieder interessant sein.

Konzerte finden in der Philharmonie statt. Das

Neben der Oper gibt es in Odessa noch vier weitere Theater:

Russisches Theater
ul. Gretscheskaja 48
Tel. +380 /482/ 22 03 82

Ukrainisches Theater
ul. Pastera 15
Tel. +380 /482/ 23 55 66

Theater des jungen Zuschauers
ul. Gretscheskaja 50
Tel. +380 /482/ 22 27 58

Operettentheater
ul. Pantelejmonowskaja 3
Tel. +380 /482/ 22 01 62

Gebäude ist ein architektonisches Juwel und wurde in florentinischer Gotik von dem italienischen Architekten Alexander Bernadazzi entworfen. Das Ende des 19. Jahrhunderts errichtete Gebäude wirkt fast so mächtig und wuchtig wie eine Kathedrale. Innen ist es mit momumentalen Renaissance-Elementen, künstlichem Marmor und Naturstein ausgestattet. Eine breite Treppe aus Carraramarmor führt in den 900 m² großen Saal, der mit Holz getäfelt, mit Fresken und einer geschnitzten Kassettendecke geschmückt ist. Die üppige Dekoration sollte Reichtum und Wohlstand demonstrieren. Ursprünglich wurde das Gebäude als Börse gebaut und genutzt. Das hat bis heute Auswirkungen auf die Akustik. Der Architekt hatte nämlich den Auftrag, dafür zu sorgen, dass kein Dritter hören konnte, was zwei Geschäftsleute miteinander besprachen.

Philharmonie
ul. Bunina 15,
Ecke ul. Puschkinskaja
Tel. +380 /482/ 22 63 49,
+380 /48/ 724 22 04

Die Philharmonie unterhält heute ein eigenes Sinfonisches Orchester, das regelmäßig Konzerte gibt.

Eine feste musikalische Einrichtung ist das Kammerorchester Odessa, gegründet Anfang der neunziger Jahre des 20. Jahrhunderts von dem deutschen Dirigenten Thomas Mandl. Das Kammerorchester tritt unter anderem in der Philharmonie auf. Es wird als eines der besten Orchester von Odessa auch an anderen Plätzen verpflichtet. Leider ist der erste Dirigent Igor Schawruk häufig zu Gastspielen im Ausland.

Kammerorchester Odessa
Tel. +380 /482/ 22 41 43,
+380 /67/ 782 96 35,
E-Mail:
shavruk@hotmail.com

1809	Bau des ersten Stadttheaters in Odessa auf Betreiben von Herzog Richelieu im Auftrag von Zar Alexander I.
1873	Das Stadttheater fällt einem Brand zum Opfer
1874	Verordnung der Stadtduma zur Planung eines neuen Theaters für bis zu zweitausend Besucher in der zu dieser Zeit zweihundertfünfzigtausend Einwohner zählenden Stadt. Von über vierzig Entwürfen russischer und ausländischer Baumeister wurde kein einziger angenommen.
1882	Bitte an die österreichischen Architekten Fellner und Hellmer um einen Entwurf. Bestätigung desselben durch Zar Alexander III.
1884	Beginn des Baus mit sechzehnhundert Plätzen durch den österreichischen Unternehmer Rudolf Frei.
1887	Am ersten Oktober Beendigung des Theaterbaus. Einschub des letzten Steins, nachdem ein Metallkästchen mit städtischen Dokumenten, Zeitungen, Brot und Wein ins Gemäuer (am Fuß des monumentalen Spiegels) gelegt wurde.
1925	Am 15. März Brand im Gebäude
1926	Ende der Renovierungsarbeiten
1966	Beginn der dritten Theaterrenovierung
1996	5. April Erlass des Präsidenten der Ukraine „Über die Sicherstellung der Unversehrtheit der Odessaer staatlichen akademischen Oper". Öffentliche Bauausschreibung zur Befestigung des Fundaments.
1998	Am 14. September Beginn der Befestigung des Fundaments durch in die Erde gegossene Stahlbetonpfähle.
2001	Am 12. Oktober Abschluss der Fundamentsbefestigung durch achtzehnhundert Stahlbetonpfähle. Dabei Eingrabung einer rostfreien Stahlplatte mit eingravierten Informationen zur Renovierung, zu Sponsoren und Zeitgeschehen.
2003	Beginn der Innenarbeiten
2004	Im April Schließung des Theaters zur Renovierung der Bühne und des Saales mit Rängen
2006	Vorbereitungen zur Wiedereröffnung

Mit 1664 Plätzen ist die Oper in Odessa das größte Theater der Ukraine vor Kiew und Charkiw (je 1300 Plätze), Lemberg (1200 Plätze) und eines der größten der Welt.

Sehenswertes

Die bauliche Szenerie im historischen Zentrum von Odessa wirkt geradezu wie das Bühnenbild eines soeben zu Ende gegangenen Aktes. Mit ein wenig Phantasie kommt man sich vor wie in einem Theaterstück, das in den letzten zweihundert Jahren spielt.

Allein wegen seiner immer noch zu bewundernden Bauten, Denkmäler und sonstigen Sehenswürdigkeiten ist Odessa eine Reise wert. Viele sind leider verfallen oder marode. Der großbürgerliche Glanz der Zarenzeit bröckelt. Das phantastische Ensemble der alten Stadt wird für den oberflächlichen Besucher jedoch häufig überdeckt durch allzu Gegenwärtiges: Ruinen, Schlaglöcher, Staub, Dreck von Dauerbaustellen.

Wer sich dadurch aber nicht den Blick trüben lässt, der erhält die große Chance, eine sich rasant entwickelnde Stadt zu erleben. Odessa ist dabei, bald wieder eine der schönsten Metropolen Europas zu sein. In allen Stadtvierteln wird Baufälliges abgerissen, aufgeräumt und Neues gebaut. Unbeschadet dessen ist Odessa, was es immer war: bunt und international.

Die äußere Erscheinung der Stadt gleicht einem architektonischen Flickenteppich. Die Vertreter unterschiedlichster Stilrichtungen haben Odessa ihr spezifisches Aussehen gegeben. Da existieren friedlich nebeneinander gotische, romanische, arabische, griechische, klassizistische und jede Menge Bauten im eklektizistischen Stil. Nicht nur die prunkvollen Paläste, auch einfache Wohnhäuser im historischen Zentrum lassen bei aller Morbidität immer noch ihren individuellen Charakter erkennen.

Heute arbeiten die Architekten der Neuzeit am nächsten Akt. Manche davon knüpfen an ihre berühmten Vorgänger wie Franz Karl Boffo, Bauer Brunni, Lew Vlodek und Felix Gonsiorowskij, Giovanni und Gelogij Torricelli, Franz und Ilja Frapolli und Wiktor Schroeter an und bauen Häuser im alten Stil, die wie Paläste oder Festungen aussehen. Dazwischen schieben sich moderne Fassaden in die Höhe, teils aus Beton, teils aus Glas oder aus rotem Ziegelstein. Die Wände heute sind sicher viel dünner als die vor zweihundert Jahren. Das alte Odessa wurde überwiegend aus Muschelkalkstein erbaut. Das war zum einen das einzige Baumaterial, das damals zwischen Meer und Steppe zu finden war. Zum anderen war es auch das praktischste. Denn Muschelkalkstein hält sehr gut die Wärme und schützt gegen die Kälte. Deswegen wurden die Wände der meisten frühen Häuser bis zu einem halben Meter und dicker gebaut.

Primorskij Boulevard

Die Gebäude entlang des Primorskij Boulevards sind besonders schön. Dieser Küstenboulevard ist eine der ältesten Straßen der Stadt und für die Odessiten der beliebteste Treffpunkt. Die prachtvollen Bauten aus den ersten Jahren des 19. Jahrhunderts sind harmonisch angeordnet. An diesem Boulevard befindet sich auch das alte und traditionsreiche Hotel „Londonskaja". Ein Stück weiter entstanden unter der Leitung namhafter Architekten zahlreiche Paläste, wie der Woronzow-Palast und der Palast der Fürstin Naryschkina, einer Angehörigen der Zarenfamilie. Beide Paläste wurden, ebenso wie die erste Odessaer Handelsbörse, von dem Architekten Franz Karl Boffo geplant. Boffo hat auch die Potjomkin'sche Treppe entworfen sowie über fünfzig Häuser, die heute fast alle unter Denkmalschutz stehen. Die vormalige Börse dient heute der Stadtverwaltung als Domizil.

Ungefähr in der Mitte wird der Boulevard durch einen halbrunden Platz geteilt, der rechts und links von zwei symmetrisch geschwungenen Gebäuden umrahmt wird. Auf diesem Platz, unmittelbar vor der Potjomkin'schen Treppe, wurde dem ersten Generalgouverneur des damaligen Neurusslands und ersten Oberbürgermeister von Odessa, Herzog Richelieu, 1828 ein Denkmal aufgestellt. Es war das erste

Primorskij Boulevard

Denkmal in der Stadt. Richelieu hatte sich um die Stadt außerordentlich verdient gemacht. Während seiner Regierungszeit (1803–1814) begann Odessa zu einer der schönsten und reichsten Städte Europas aufzusteigen. Die Odessiten nennen ihn liebevoll einfach „Djuk", was im Französischen „Herzog" bedeutet.

Ein Spaziergang unter den Kastanien- und Ahornbäumen ist zu jeder Jahreszeit schön. Besonders im Sommer flanieren auf dem fünfhundert Meter langen Boulevard zahlreiche Touristen. Denn er ist eine der wenigen Straßen Odessas, von der aus man einen direkten Blick auf das Meer hat.

Potjomkin'sche Treppe

Man muss sie unbedingt einmal selbst gegangen und dabei gezählt haben, die 192 Stufen der legendären Potjomkin'schen Treppe. An ihrem oberen Ende ist sie zwölfeinhalb, am unteren Ende mit knapp zweiundzwanzig Metern fast doppelt so breit. Die Treppe war und ist ein einzigartiger Eingang vom Hafen her zum historischen Zentrum von Odessa. Sie ist 142 Meter lang, überwindet 30 Meter Höhe und ist in zehn Treppenabsätze unterteilt. Dadurch gelingt eine einmalige optische Täuschung: Von unten sind nur die Stufen, von oben nur die gleichmäßigen Absätze sichtbar. Früher hatte sie zweihundert Stufen und führte direkt zum Meer. Beim Zählen der Stufen muss man aufpassen: Wer sich nämlich verzählt hat, gilt aus odessitisch-humorvollem Blickwinkel als ein Sünder und die Menge der zu zählen vergessenen Stufen gibt die Menge der Sünden an.

Die Treppe wurde früher auch „Gigantische Treppe" oder „Nikolajtreppe" genannt. Erbaut wurde sie von 1837 bis 1841 von dem bekannten Architekten Franz Karl Boffo. Erst seit 1905 trägt sie zum Gedenken an die Ereignisse der ersten russischen Revolution den Namen Potjomkin'sche Treppe. Damals brach auch in Odessa ein Arbeiterstreik aus. Überall wurden Barrikaden errichtet. Es kam häufig zu bewaffneten Zusammenstößen. Auch auf dem Panzerkreuzer „Fürst Potjomkin-Tawritscheskij", der in Odessa vor Anker gegangen war, kam es zum Kampf. Die Matrosen hatten sich geweigert, verdorbene Nahrungsmittel zu essen. Bei der Meuterei wurde deren Anführer, der Matrose Wakulentschuk, getötet. Es kam zu einer Eskalation der Auseinandersetzungen. Die Beisetzung des Matrosen im Hafen geriet zu einer mächtigen Protestdemonstration der streikenden Arbeiter und aufständischen Matrosen. Weil die Masse den Stadtoberen Angst einflößte, provozierten diese einen Brand im Hafen. Unter dem Vorwand, den Brand und die damit verbundenen Ausplünderungen bekämpfen zu wollen, schickten der damalige Stadtrat bewaffnete Polizei und Kosaken unter das versammelte Volk (darunter waren mehrere Hundert friedliche Einwohner), um dieses auseinander zu treiben. In der allgemeinen Panik begannen Kosaken und Gendarmen zu schießen. Dabei kamen etwa zweitausend Menschen ums Leben. Seit diesen tragischen Ereignissen nennt man die Treppe Potjomkintreppe. Der berühmte Stummfilm von Sergej Eisenstein aus dem Jahr 1924 gibt diese Ereignisse eindrucksvoll wieder. Die Potjomkin'sche Treppe und das Richelieudenkmal (gegenüber der Treppe) gehören zu den Wahrzeichen Odessas.

Von der Treppe aus hat man einen herrlichen Ausblick auf den Hafen, die Schiffsanlegestellen, das Hotel Odessa, die Hafenausfahrt mit dem Leuchtturm und das sich dahinter öffnende Schwarze Meer.

Potjomkin'sche Treppe

Denkmäler

Apfelsine

Dreitausend Apfelsinen wurden Anfang des 19. Jahrhunderts von Griechenland nach Odessa gebracht. Man wollte damit den damaligen Herrscher Paul I., den Sohn Katharinas der Großen, von der Notwendigkeit überzeugen, die Stadt weiter aufzubauen und den Ansässigen und Neuankömmlingen wieder Vergünstigungen zu gewähren.

Apfelsine

Atlanten

Als Symbol der Gründer sind die Atlanten an vielen Stellen in Odessa zu finden. In der ul.Gogolja, in der ul. Uspenskaja und in vielen anderen Straßen tragen sie mit ihren Armen das Gewicht der Welt. Nimmt man es mit odessitischem Humor, kann diese mal mehr oder weniger wiegen, ja nach der Perspektive. Auf alle Fälle stützen die sagenumwobenen Steinfiguren, die in unterschiedlichen Größen in Odessa zu finden sind, ein wunderschönes Stück Erde dieser Stadt, hier das Haus der deutschen Familie Pfalzfein, die Ende des 19. Jh. nach Odessa kam, sich dort ansiedelte und ihren Geschäften nachging.

Atlanten in der Gogolstraße

Denkmal für den aufständischen Matrosen vom Panzerkreuzer Potjomkin / Katharinen-Denkmal

Auf dem heutigen Katharinenplatz (Ekaterininskaja pl.) wurde in der zaristischen Zeit die Zarin Katharina die Große als Gründerin der Stadt mit einem majestätischen Denkmal geehrt. Die Sowjets räumten es später weg und stellten an seiner Stelle das Karl-Marx-Denkmal auf. Aber auch dieses wurde wieder ausgetauscht und musste im Jahr 1960 dem Denkmal der aufständischen Matrosen des Panzerkreuzers „Potjomkin" weichen. Fragmente des Katharinen-Denkmals befinden sich im Hof des Heimatkundemuseums. Auch die Benennung der Straße und des Platzes wurde dem jeweiligen Denkmal angeglichen. Die ehemalige und heutige Katherinenstraße (ul. Ekaterininskaja) hieß während der Sowjetzeit Karl-Marx-Straße.

Kanonendenkmal

Die Kanone vor dem Rathaus erinnert an die erfolgreiche Verteidigung Odessas während des Krimkrieges (1854–1856). Im April 1854 wurde das anglo-französische Geschwader, das die Stadt erobern wollte, abgewehrt. Zur Erinnerung an die erfolgreiche Verteidigung der Stadt wurde eine erbeutete Kanone aufgestellt, die von der 1854 vor Odessa versenkten englischen Fregatte „Tiger" stammt.

Kanonendenkmal

Laokoon-Skulptur

Die Laokoon-Skulptur ist eine der gelungensten Kopien des bekannten Originals aus Marmor aus dem ersten Jahrhundert n. Chr. und stellt eine Episode aus der mythologischen Geschichte um das Trojanische Pferd dar. Es zeigt den trojanischen Priester Laokoon mit seinen zwei Söhnen. Die Skulptur stand vor der Revolution von 1917 im Hof des Oberbürgermeisters von Odessa, Grigorij Marasli.

Puschkindenkmal

Gleich zwei Denkmäler stehen in Odessa zur Ehre des russischen Dichters Alexander Puschkin. Eines befindet sich gegenüber dem Rathaus, das andere am Eingang zum Puschkinmuseum in der Puschkinstraße. Das erste gehört aufgrund seiner Realitätsnähe zu einem der besten Puschkindenkmäler. Es wurde im Jahr 1888 zum fünfzigsten Todestag des Dichters aufgestellt. Die Bildhauerin Josefine Polonskaja wurde für dieses Werk mit der Goldmedaille der Petersburger Kunstakademie ausgezeichnet.

Der Aufenthalt Alexander Puschkins in Odessa verleiht der Geschichte der Stadt bis heute einen besonderen Glanz. Dass Puschkin nicht freiwillig kam, zählt dabei schon längst nicht mehr. Er „lebte einst in Odessa", so ein häufig gebrauchter Ausspruch. Odessa lernte Puschkin von Kischinew, der Hauptstadt Moldaus, aus kennen. Von dort aus

Puschkindenkmal / Rathaus

besuchte er das aufstrebende Odessa 1820 und 1821 und vielleicht auch 1822 und fand Gefallen an der Stadt. Dank einflussreicher Freunde wurde daraufhin sein Verbannungsort von Kischinew nach Odessa verlegt. Dort wohnte er dann insgesamt dreizehn Monate in der Zeitspanne zwischen 1823 und 1824. In der Kanzlei des damaligen Bürgermeisters von Odessa und Generalgouverneurs Neurusslands, Graf Woronzow, sollte er Dienst tun. Puschkin begann unter anderem im Richelieugymnasium seine verbotenen politischen Werke zu verbreiten, deretwegen er in die Verbannung geschickt worden war. Mit diesen Gedichten agitierte er gegen das zaristische Regime und gegen die Leibeigenschaft in Russland. Konflikte mit dem Grafen waren unumgänglich. Graf Woronzow fürchtete zum einen den politischen Einfluss Puschkins, zum anderen seine offenkundige Zuneigung zu seiner Ehefrau. Daher tat er alles, um den Dichter aus Odessa zu entfernen. Am 31. Juli 1824 musste Puschkin Odessa verlassen. Er wurde bis 1826 auf das Landgut seiner Eltern (nach Michajlowskoje, bei Moskau) verbannt.

In nur dreizehn Monaten hat der Dichter in Odessa mehr als dreißig lyrische Werke verfasst, darunter die Gedichte „Brüder Räuber" und „Der Springbrunnen von Bachtschisaraj". Er begann die Arbeit an „Die Zigeuner" und schrieb in Odessa die ersten Kapitel des Romans in Versen „Eugen Onegin". Im Puschkinmuseum (siehe S. 55) sind Ausgaben seiner Werke, Briefe, Kopien und Handschriften, Grafiken Bilder und Gegenstände des 19. Jahrhunderts ausgestellt, vor allem aus der Puschkinzeit (siehe auch Abschnitt Puschkinmuseuml).

Puschkindenkmal / Museum

Richelieu-Denkmal

Mit seinem ausgestreckten Arm heißt Herzog Richelieu auf dem Sockel vor der Potjomkin'sche Treppe bis heute alle willkommen, die auf dem Seeweg nach Odessa kommen. Das Denkmal wurde 1828 errichtet. Man wollte damit den bedeutenden Franzosen ehren, der als erster Bürgermeister und späterer Gouverneur von Odessa viel für die Entwicklung der Stadt getan hat. Auf seine Initiative hin wurde unter anderem das erste Theater in Odessa errichtet.

Unbekannter Matrose

Ein einundzwanzig Meter hoher Obelisk aus rotem Granit erinnert im Schewtschenko-Park, am Hochufer des Meeres, an die Kämpfer, die während des Zweiten Weltkrieges bei der Verteidigung von Odessa umgekommen sind. Vor dem 1960 errichteten Denkmal brennt die ewige Flamme. Meist wird es symbolisch von Oberschülern bewacht.

Unbekannter Matrose

Woronzow-Denkmal

Auf dem Kathedralenplatz (Ploschtschadj Sobornaja) am Ende der ul. Deribasowskaja steht das Denkmal von Graf Michajl Semjonowitsch Woronzow. Er war von 1823 bis 1856 Oberbürgermeister von

Odessa, Fürst Neurusslands und Generalgouverneur Bessarabiens. Woronzow galt als der reichste Mann Russlands. Er liebte die schönen Künste und war einer der beliebtesten Bürgermeister von Odessa.

Woronzow-Denkmal

Unter seiner Führung wurden erstmals Schiffsrouten auf die Krim und nach Konstantinopel eingerichtet. Der Handel erfuhr durch ihn Aufschwung. Woronzow ließ Klöster und Kirchen bauen sowie die große Gorki-Bibliothek, die er noch mit eigenen Büchern bestückte. Auch die Errichtung der Potjomkin'schen Treppe mit dem an deren oberen Ende aufgestellten Denkmal zur Ehre seines Vorgängers Herzog Richelieu geht auf Graf Woronzow zurück.

Marasli-Denkmal

Grigorij Marasli (1831–1907) war als Bürgermeister (1878–1895) und als führendes Mitglied der griechischen Gemeinde einer der wichtigsten Mäzene von Odessa. Er hat auf eigene Kosten Kirchen, Museen, Bibliotheken, Krankenhäuser und Tierheime bauen lassen. Für seine Verdienste wurden an dem Haus, in dem er lebte, zwei Gedenktafeln für ihn angebracht und auf dem griechischen Platz ein Denkmal aufgestellt, das am 2. September 2004 eingeweiht wurde.

Ein Symbol für Odessa ist die im Volksmund genannte Odessa-Mama, die als Skulptur im Garten des Literaturmuseums steht.

Odessa-Mama

Innenhöfe

Die Innenhöfe sind ein architektonisches Charakteristikum von Odessa. Häufig liegen mehrere Höfe hintereinander. Sie bieten immer auch eine gute Rückzugsmöglichkeit vom geschäftigen Treiben der Stadt. Zum Puschkinhaus beispielsweise gehören drei Höfe. Ein Blick in die Höfe öffnet die Sicht auf Dinge, die man bei uns schon lange nicht mehr gesehen hat. Sicher nicht geeignet für einen Antiquitätenladen. Eher Überbleibsel aus dem Alltag des Kommunismus. Alle Höfe haben ihren besonderen Charme. Sie sind auch ein Treffpunkt für Jung und Alt. An lauen Sommerabenden sitzen dort die Bewohner der umliegenden Wohnungen und unterhalten sich mit den Nachbarn.

Paläste und Museen

In Odessa verstand man es zu allen Zeiten, gut zu leben. Das kann man an den Palästen erkennen. Sie gehörten Aristokraten und/oder reichen Geschäftsleuten, die durchweg einen guten Geschmack hatten sowie Sinn für Kultur und für das Prachtvolle. Denn Odessa war auch eine sehr reiche Stadt. Darum ließen sich in ihr gern Geschäftsleute nieder. Sie bauten ein Haus nach dem anderen und gaben strahlende Bälle. Sie engagierten sich aber auch im öffentlichen Leben und unterstützten die Armen. Als Odessa drei Mal von der Pest überfallen wurde, haben die Reichen und Aristokraten Geld gesammelt, um diese Epidemien zu bekämpfen.

Schahpalast

Neben den Palästen und Villen gab es auch attraktive Mietshäuser. Der ganze historische Stadtkern von Odessa bestand in dieser Zeit aus prachtvollen Gebäuden. In diesen Häusern wohnten Lehrer, Ärzte, Beamte und andere Bürger in großzügigen Wohnungen. Mit Vorliebe wurde der Wohlstand nach außen gezeigt. Einige der in den Wänden eingelegten Mosaiken sind bis heute erhalten. Odessa erreichte seine Blütezeit in der zweiten Hälfte des 19. Jahrhunderts. Selbstverständlich schätzten auch die Aristokraten aus Moskau die Stadt am Schwarzen Meer und bauten damals in Odessa Paläste, um dort mit ihren Familien den Sommerurlaub zu verbringen.

Während der Sowjetzeit wurden nahezu alle Paläste beschlagnahmt und für die unterschiedlichsten Zwecke benutzt. Heute ist die alte Pracht weithin noch zu erkennen.

Viele Gebäude sind aber äußerst renovierungsbedürftig. Die schönsten Paläste sind in Museen umfunktioniert. Sehenswert sind sie allesamt. Wer nicht so viel Zeit hat, für den empfiehlt sich eine Auswahl aus den nachfolgenden Beschreibungen.

Archäologisches Museum

Das Archäologische Museum wurde 1825 gegründet und ist eines der ältesten Museen der Ukraine. Es enthält zahlreiche und wertvolle Exponate der Völker, die schon sehr früh das Gebiet nördlich des Schwarzen Meeres besiedelten. Das Ägyptische Kabinett wird wegen seiner umfangreichen Sammlung gleich nach der St. Petersburger Eremitage und dem Moskauer Puschkinmuseum für bildende Kunst genannt. Sehenswert ist vor allem die «Schatzkammer», in der Schmuckgegenstände, Goldschmiedearbeiten, alte Münzen und Medaillen aufbewahrt werden. Ebenso attraktiv ist die Abteilung „Altertum". Hier finden sich Exponate, die bei Ausgrabungen in Olvia, Chersonnes und der altgriechischen Stadt Panthikopej, Tyras sowie anderen ionischen Kolonien und Niederlassungen der alten Griechen am Ufer des Schwarzen Meeres gefunden wurden.

Archäologisches Museum
ul. Lanscheronowskaja 4
geöffnet von 10 bis 17 Uhr
Tel. +380 /482/ 22 01 71 und 22 63 02

Gagarin-Palast

Im Gagarin-Palast befindet sich heute das Literaturmuseum (s. S. 52)

Gemäldegalerie

Die Gemäldegalerie befindet sich im ehemaligen Palast des Grafen Potozkij. Er hatte ihn 1804 als Hochzeitsgeschenk für seine Frau gebaut. Später ging der Palast in den Besitz des wohlhabenden Geschäftsmannes Marasli über, der ihn Ende des 19. Jahrhunderts der südukrainischen Kunstgesellschaft übergab. Heute befindet

Gemäldegalerie
ul. Sofijewskaja 5a
geöffnet täglich
von 10.30 bis 17.00 Uhr.
Montags geschlossen.,
Tel. +380 /482/ 23 82 72

sich dort die Gemäldegalerie. Sie verfügt über eine umfangreiche Sammlung von Werken russischer und ukrainischer bildender Kunst sowie über nationales Kunstgewerbe aus dem 19. Jahrhundert. Ihr Bestand reicht von altrussischen Ikonen des 15. und 16. Jahrhunderts bis zu den Arbeiten moderner Künstler. In ihrem Besitz befinden sich Gemälde von Fjodor Rokotow, Roman Lewizkij, Wladimir Borowikowskij, Wasilij Tropinin, Iwan Ajwasowskij, Ilja Repin, Aleksej Sawrassow, Michajl Nesterow, und weiterer russischer und ukrainischer Maler.

Haus der Wissenschaftler (früher Palast des Grafen Tolstoi)

Das Haus der Wissenschaftler besteht aus zwei Gebäuden. Das erste davon wurde von dem Architekten Franz Karl Boffo Anfang des 19. Jahrhunderts im klassizistischen Stil geplant und gehörte dem Grafen Tolstoi, einem Verwandten des weltberühmten Schriftstellers Tolstoi. In diesem Gebäude mit seinen weißen, rosa und grünen Marmorsälen ist heute das Familienmuseum untergebracht.

Das zweite Haus wurde von dem Architekten Hermann Scheurembrandt

Haus der Wissenschaftler

entworfen und in den Jahren 1896 und 1897 gebaut. Es gehörte dem Enkelsohn des Grafen Tolstoi, der mit Begeisterung Gemälde sammelte und das Haus seines Großvaters in ein Kunstmuseum verwandelte. Später hat er viele seiner Bilder der Gemäldegalerie vermacht. Dieses zweite Gebäude ist im Stil des üppigen Eklektizismus errichtet, der für Odessa Ende des 19. Jahrhunderts typisch war. Innen ist es mit breiten Marmortreppen, großzügigen

Haus der Wissenschaftler
Sabanejewskij Most 4
Führungen nur in Gruppen und auf Voranmeldung,.
Kosten: 12 UAH (ca. 1,80) pro Person; auf Wunsch Bewirtung mit Büfett im Garten, sowie Kammermusik möglich;
Tel. +380 /482/ 23 61 91, 23 60 96,
Fax +380 /482/ 23 75 60

Balustraden, bemalten Decken und vergoldeten Ornamenten an Türen und Wänden sowie zahlreichen Marmorfiguren ausgestattet.

Das Haus der Wissenschaftler wird heute als öffentliches Gebäude benutzt. Hier finden Seminare, Vorlesungen, Symposien, Konzerte und Literaturabende statt. Auch werden dort Tanz- und Computerkurse sowie weitere Veranstaltungen angeboten.

Heimatkundemuseum
(Nowikowpalast)

Im Heimatkundemuseum findet man in Bildern und Exponaten die Geschichte der Nordschwarzmeerregion vom 14. Jahrhundert bis zur Gegenwart sowie die Entstehung Odessas dokumentiert. Auch an berühmte Persönlichkeiten, die am Aufbau von Odessa beteiligt waren, wird erinnert. Das Gebäude wurde 1876 nach einem Entwurf des Architekten Fjodor Gonsiorowskij erbaut und steht heute unter Denkmalschutz. Benannt ist es nach seinem damaligen Besitzer Alexander Nowikow.

Heimatkundemuseum (Nowikowpalast)
ul. Gawannaja 4
geöffnet täglich außer Freitag von 10.00–17.00 Uhr
Tel. +380 /482/ 25 52 02 und 26 98 98, 22 84 90, 26 14 24

Wie bei anderen Gebäuden, ist auch mit diesem die Geschichte eines Familienunternehmens verknüpft. Großvater Ilja Nowikow kam als Kaufmann Anfang des 19. Jahrhunderts aus Zentralrussland nach Odessa. Das von ihm 1806 gegründete Seilwerk produzierte für den Hafen und existiert bis heute. Seine Produktion war weltweit bekannt und erfreute sich großer Nachfrage. Seit dem Zweiten Weltkrieg wird der Palast als Heimatkundemuseum genutzt.

Literaturmuseum
(Gagarinpalast)

In einem der schönsten Gebäude des historischen Stadtzentrums befindet sich das Literaturmuseum. Der ehemalige Palast des Fürsten Gagarin wurde 1842 im Stil des russischen Klassizismus errichtet. Die Sammlungen dieses literaturgeschichtlichen Museums belegen in chronologischer Folge die Entwicklung der vorrevolutionären sowie der sowjetischen Literatur im Süden der Ukraine und in Odessa vom Ende des 18. bis zum 20. Jahrhundert. Die Ausstellung ist hauptsächlich dem Schaffen einheimischer Dichter und Schriftsteller gewidmet. Es sind dort seltene Veröffentlichungen, Handschriften, persönliche Gegenstände und Fotografien

Goldener Saal des Literaturmuseums (Gagarinpalast)

von über dreihundert Schriftstellern gesammelt. In den Vitrinen sind Werke bekannter Dekabristen ausgestellt, die in den zwanziger Jahren des 19. Jahrhunderts in Odessa ein Zentrum der Freidenker bildeten. Das literarische Leben im Odessa der dreißiger und vierziger Jahre des 18. Jahrhunderts präsentierte sich im Gewand der «Knischnaja Lawka» – den für diese Zeit typischen kleinen Buchläden. Auch innen ist der reich geschmückte Palast sehenswert. Im Goldenen Saal mit seinen kristallenen Lüstern und goldenen Wandornamenten und der grünweißen Ausstattung umfängt einen, wie zu Puschkins Zeiten, das Flair eines adligen Literatursalons. Dieser Saal wird auch heute noch für diverse kulturelle Anlässe und Konzerte genutzt.

Literaturmuseum (Gagarinpalast)
ul. Lanscheronowskaja 2
geöffnet täglich, außer Montag, von 10.00 bis 17.00 Uhr
Tel. +380 /482/ 22 33 70 und 22 00 02

Museum der russisch-ukrainischen Militär- und Handelsflotte

Das Gebäude wurde 1846 nach dem Entwurf des Architekten Giovanni Torricelli errichtet und als englischer Club genutzt. Geschäftleute von Odessa trafen sich dort und besprachen ihre Geschäfte. Das Museum ist das einzige seiner Art in der ganzen Ukraine.

Schiffsmodell im Museum der russisch-ukrainischen Militär- und Handelsflotte

Der größte Teil der umfangreichen und sehenswerten Sammlung über die Geschichte des russisch-ukrainischen Schiffbaus und der Seefahrt bis zur Gegenwart fiel im Jahr 2005 leider einem Brand zum Opfer.

Museum der russisch-ukrainischen Militär- und Handelsflotte
ul. Lanscheronowskaja 6
geöffnet täglich von 10 bis 17 Uhr, montags geschlossen
Tel. +380 /482/ 25 02 50, 22 55 23 und 25 14 56

Museum für westeuropäische und orientalische Kunst

Das Museum für westeuropäische und orientalische Kunst ist eines der besten seiner Art in der Ukraine. Es besitzt eine reiche Sammlung von antiken westeuropäischen und orientalischen Kunstwerken. Größten Raum nimmt die westeuropäische Malerei mit Gemälden italienischer, französischer, flandrischer und holländischer Künstler ein. Es sind Werke von Frans Hals, Michelangelo, Merisi da Caravaggio, Antonio Canaletto, Francesco de Guardi, Lucas van Leyden, David Teniers und anderen dort ausgestellt. Auch Vasen und Statuen aus dem alten Griechenland sowie Kunst aus China, Japan, dem Iran und Indien sind dort zu finden.

Der ehemalige Palast gehörte dem moldauischen Geschäftsmann Abasa, der, ähnlich wie andere auch, seine Behausung im eklektizistischen Stil durch den Baumeister Ludwig Otton in den Jahren 1856–1858 bauen ließ. Im Vestibül sind kunstvolle Muster in die Parkettböden eingelegt. Die Decken sind mit Malerei und Stuck verziert, die Wände mit reichhaltigen Ornamenten versehen. Auf die Frage des Architekten nach dem gewünschten Baustil soll der Bauherr nach der für das Ende des

Museum für westeuropäische und orientalische Kunst
ul. Puschkinskaja 9,
geöffnet täglich von 10.30 bis 17.30, mittwochs geschlossen,
Tel. +380 /482/ 22 48 15 und 24 67 46

19. Jahrhunderts typischen Manier geantwortet haben: „Je üppiger, desto besser".

Philharmonie

Das heutige Konzerthaus war früher eine Börse und zwar eine mit einer besonders schlechten Akustik. Das war Absicht. Der italienische Architekt Bernadazzi hatte den erklärten Auftrag der Bankiers und Geschäftsleute, ein Gebäude mit einem großen Saal zu entwerfen, in dem, wenn zwei Menschen miteinander sprechen, kein daneben Stehender etwas hören könnte. Der neunhundert Quadratmeter große Saal hat mit Holz verkleidete Wände und eine geschnitzte Kassettendecke (siehe auch Kapitel Oper und Musik).

Philharmonie
ul. Bunina 15
Tel. +380 /482/ 22 63 49, 724 22 04

Philharmonie

Puschkinmuseum

Das Puschkinmuseum ist eine Filiale des Literaturmuseums. Es wurde dem russischen Dichter Alexander Puschkin gewidmet, der in den Jahren 1823/24 in Odessa gelebt hat Puschkins Verbannung (siehe Erläuterungen zum Puschkindenkmal) brachte Odessa literarischen Ruhm ein.

Hof des Puschkinmuseums

Zu Ehren des russischen Dichters wurde die frühere Italienische Straße, in der er damals wohnte, in Puschkinstraße umbenannt und sein ehemaliges Wohnhaus als Museum umfunktioniert.

Puschkinmuseum
ul. Puschkinskaja 13
geöffnet täglich außer Montag von 10.00–17.00 Uhr
Telefon
+380 /482/ 25 10 34

Rathaus

Das mit zwölf Säulen geschmückte Rathaus wurde 1834 als Börse von Odessa nach einem Plan des Architekten Franz Karl Boffo im klassischen russischen Baustil gebaut. Nachdem Odessa sich rasch entwickelte, wurde den Geschäftsleuten das Gebäude zu klein. Sie ließen daher Ende des 19. Jahrhunderts mit der heutigen Philharmonie (s. S. 55) eine neue Börse bauen. Die ehemalige Börse ist seither Sitz der Stadtverwaltung. In den Nischen der beiden Seitenflügel sind die altrömischen Götter Merkur und Ceres abgebildet. Auf dem Dach hat man zwei Frauenfiguren angebracht, die den Tag und die Nacht und zugleich den ewigen

Rathaus
Dumskaja Ploschtschadj 1
Stadtverwaltung
Tel. +380 /482/ 25 00 39

Bestand des Zarenregimes symbolisieren sollten. Denn so wie Tag und Nacht sich beständig abwechseln, so sollte auch ein Zar dem anderen die Macht ohne Ende weiter reichen. Vielleicht

Rathaus Uhr und Skulpturen

Woronzow Palast

wurde gerade deshalb in diesem Gebäude 1918 die Sowjetmacht proklamiert.

An der nordwestlichen Seite des Primorskij Boulevards liegt der ehemalige Palast des Grafen Woronzow. Er war in den Jahren 1823 bis 1856 Oberbürgermeister von Odessa und Generalgouverneur Neurusslands. Geplant hat den Palast der Architekt Franz Karl Boffo im klassizistischen Stil. Der Woronzow Palast war einstmals ein Prachtbau. Kristallleuchter, wertvolle Hölzer als Parkett, dekorative Wandmalereien verliehen ihm einmal ein prunkvolles und zugleich erhabenes, majestätisches Aussehen. Das Gebäude steht unter Denkmalschutz und wird gerade renoviert. Zum Woronzow-Palast gehört ein Säulenwerk. Es wurde auf einem hohen stufenartigen Sockel, nahe dem Steilhang zum Hafen, errichtet. Zehn Paar Säulen bilden einen geschwungenen Säulengang, der vom Meer aus sehr gut zu sehen ist. Der Platz ist bei jungen Pärchen sehr beliebt.

Woronzow-Palast
Per. Woronzowskogo
geschlossen

Säulengang / Woronzow-Palast

Woronzow-Palast mit Löwen

Kirchen und Klöster

In den ersten gut einhundert zwanzig Jahren ihres Bestehens wurden in der Stadt fast dreißig Kirchen und Klöster gebaut. In der sowjetischen Zeit wurde die Relgionsausübung verboten. Die Gebäude wurden anders genutzt oder gesprengt. Heute sind die Kirchengemeinschaften wieder zugelassen und haben fast alle ihre Gebäude wieder zurück erhalten. Kirchen und Klöster werden wieder in ihrem ursprünglichen Sinne verwendet. Manche arg renovierungsbedürftige Gebäude werden ganz oder teilweise nach dem historischen Vorbild wieder errichtet.

Armenische Kirche

Die Armenisch-Grigorijanische Kirche wurde 1844 in der ul. Ekaterininskaja durch Spenden der armenischen Gemeinde errichtet. Im Zweiten Weltkrieg war die Kirche durch Bomben zerstört und 1952 abgerissen worden. An ihrer Stelle wurde ein Wohnhaus gebaut. Die neue armenische Kirche wurde im Erholungsgebiet Arkadija, in Meeresnähe, gebaut. Sie wurde dem heiligen Grigorij gewidmet. Er hatte im Jahr 301 als Aufklärer erreicht, dass das armenische Volk das Christentum als offizielle Religion annahm. Grigorij war somit der erste Katholikos der armenisch-apostolischen Kirche.

Armenische Kirche
Gagarinplateau 5
Tel. +380 /48/ 743 99 94

Deutsche Evangelisch-Lutherische Kirche „St.Paul"

Die Ruine der Kirche bietet zwar einen traurigen Anblick. Sie ist aber das Wahrzeichen für die deutsche Gemeinde von Odessa. Das für zwölfhundert Personen konzipierte Gotteshaus steht auf dem höchsten Punkt des Odessaer Stadtplateaus und hat eine wech-

Deutsche Evangelisch-Lutherische Kirche „St.Paul"

selvolle Geschichte hinter sich. Die Grundsteinlegung zur Errichtung der Kirche erfolgte am 28. August 1824 nach einem Entwurf des Architekten Franz Karl Boffo. 1827 wurde die Kirche eingeweiht. In den Jahren 1895–1897 erfolgte ein vollständiger Umbau. Im Zuge der politischen Repressalien der Stalin-Zeit wurde das Gotteshaus geschlossen. Zeitweilig wurde es als Bibliothek genutzt und sollte auch einmal zum Konzertsaal umgebaut werden. 1976 wurde das gesamte Kirchenschiff durch das Feuer einer Brandstiftung vernichtet. Die Ruine lässt heute noch erahnen, wie prächtig die Kirche einmal war. Am 23. Oktober 1996 hat die Stadt Odessa der deutschen Gemeinde die Kirche St. Paul zurückgegeben. Bis zum Jahr 2006 ist der Beginn der Renovierung und der angrenzenden Neubauten vorgesehen. Die Ruine ist in Odessa bis heute unter dem deutschen Wort „Kirche" bekannt und leicht zu finden.

Deutsche Evangelisch-Lutherische Kirche „St. Paul"
ul. Novoselskogo 68
Tel. +380/48/ 732 87 95

Frauenkloster des Heiligen Michaels

Das Frauenkloster wurde am 22. Juli 1924 zunächst als Mönchskloster gegründet. Finanziert wurde es durch Odessaer Geschäftsleute. 1934 wurde es in ein Nonnenkloster umgewandelt. In den sechziger Jahren

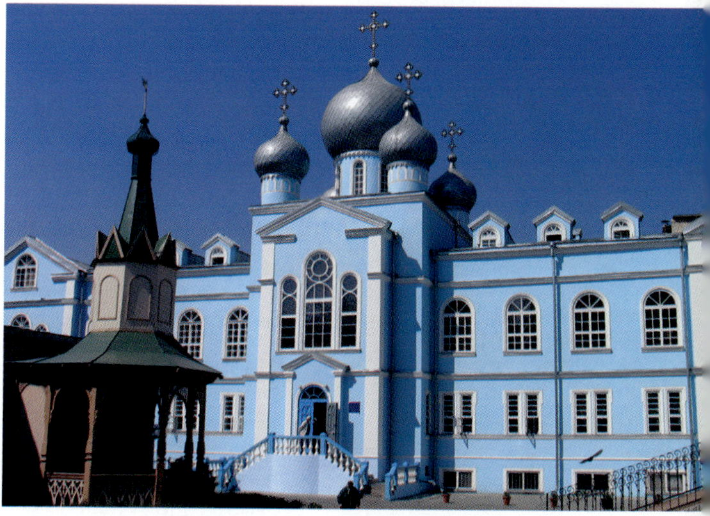

Frauenkloster des Heiligen Michaels

des 20. Jahrhunderts wurde es geschlossen. Anfang der neunziger Jahre begann der Wiederaufbau. 1993 wurden dem Kloster Teile des erhalten gebliebenen Gebäudes

Frauenkloster des Erzengels Michael
ul. Uspenskaja 46,
Tel. +380 /482/ 24 45 61,
22 20 16 und 25 86 30

zurückgegeben. In seiner Blütezeit unterhielt das Kloster eine der besten Schulen für Frauen. Heute leitet die Oberin Igumenia Serafima das Kloster als einen erfolgreichen Geschäftsbetrieb. Immer wieder gelingt es ihr, Sponsoren für ihre sozialen Projekte zu finden und damit praktische Sozialarbeit zu leisten. Mit seinen blumenreichen und gepflegten Gärten ist das Frauenkloster eine sehenswerte und ruhige Oase inmitten der umtriebigen Stadt.

Griechisch-orthodoxe Kirche

Griechisch-orthodoxe Kirche

Die griechisch-orthodoxe Kirche ist eine der ältesten Kirchen in Odessa. Ihr ursprüngliches Aussehen ist bis heute erhalten. Admiral de Ribas hatte zur Kirchengründung 1795 eigens den Metropoliten Gawril von Kischinewskij aus der heutigen Republik Moldau eingeladen. Die Kirche wurde von dem Architekten Franz Frapolli geplant und 1808 eingeweiht. Anfang des 19. Jahrhunderts war sie das

Griechisch-orthodoxe Kirche
ul. Ekaterininskaja 55
Tel. +380 /482/ 25 59 90

geistige Zentrum der griechischen Patrioten, die sich vehement für die Unabhängigkeit Griechenlands einsetzten. In der Kirche wurden die sterblichen Überreste des ins Meer geworfenen Patriarchen Gregor V. beigesetzt. Sie waren von Matrosen gefunden und nach Odessa gebracht worden. Die Liturgie wird in sowohl in griechischer Sprache als auch in Kirchenslawisch gefeiert.

Jüdische Synagoge

Das Zentrum des geistigen jüdischen Lebens in Odessa ist die Synagoge an der Ecke der Straßen ul.

Jüdische Synagoge
ul. Ewrejskaja 25
Tel. +380 /482/ 24 36 94
und 34 78 50

Ewrejskaja und Rischeljewskaja. Es ist die wichtigste Synagoge in Odessa. Das zweistöckige Gebäude wurde 1850 von dem Architekten Francesco Morandi geplant. Die Fassade enthält florentinische und romanische Stilelemente. Viele Jahre lang war die Synagoge geschlossen. Seit 1996 gehört sie wieder der jüdischen

Gemeinde. Es finden dort regelmäßig Gottesdienste statt. Das Rabbinat hat dort seinen Sitz, der Verlag der jüdischen Wochenzeitung „Or Sameach" und ein jüdischer Fernsehsender, der ebenfalls „Or Sameach" heißt, sind dort untergebracht. Es werden Seminare durchgeführt, die mit der jüdischen Religion, Geschichte, Kultur und Tradition bekannt machen sollen.

Kirche des heiligen Elias

Fast am Ende der ul. Puschkinskaja, in unmittelbarer Nähe des Bahnhofes und gegenüber dem großen Kaufhaus von Odessa, liegt die Kirche des heiligen Elias. Es ist ein großes blaues Gebäude mit fünf wuchtigen silbernen Kuppeln. Die Kirche entstand 1896 im Hof des seit 1884 existierenden Iljinskij

Kirche des heiligen Elias
ul. Puschkinskaja 77
Tel. +380 /482/ 22 31 95,
+380 /48/ 721 02 39

Mönchklosters. Sie wurde dem heiligen Propheten Elias geweiht. Die Mönche versorgten die zahlreichen Pilger, die über Odessa zu den heiligen Stätten Athos und Palästina zogen. Sie gaben den Pilgern für ein bis zwei Nächte Quartier im Kloster, halfen ihnen bei den Reisepässen, brachten sie zum Schiff und passten auf ihre persönliche Habe auf. Die Kirche verwandelte sich in eine bedeutende Heilungsstätte nicht nur für Mönche und Pilger, sondern für alle Gläubigen der Stadt und wurde darum nie geschlossen. Das Kloster dagegen wurde während der Sowjetzeit geschlossen und erst 1995 wieder eröffnet. In der Kirche des heiligen Elias werden die Gebeine des heiligen Gawril Athonskij aufbewahrt. Die täglich stattfindende Messe im Mönchskloster beginnt stets neben diesen Reliquien. Seit 1997 befindet sich in diesem Kloster die Bistumsverwaltung von Odessa. Es gibt eine Sonntagsschule für Kinder und Erwachsene.

Kirche des heiligen Panthelemon

1876 kamen einige Mönche aus Griechenland nach Odessa und gründeten nicht weit von der Eisenbahn ein Kloster zur Ehre des heiligen Panthelemon. 1895 wurde auf dem Territorium des Klosters eine neue orthodoxe Kirche gebaut, die ebenfalls nach Pantelejmon benannt wur-

Kirche des heiligen Panthelemon
ul. Pantelejmonowskaja 66
Tel. +380 /482/ 21 71 56, 21 81 20

Kirche des heiligen Panthelemon

de. Auch ein Priesterseminar wurde gegründet. Nach der Oktoberrevolution wurde die Kirche ausgeplündert. Die wertvollsten Gegenstände wurden entwendet und sowohl die Kirche als auch Kloster und Seminar geschlossen. Nach der politischen Wende hat man die Kirche an das orthodoxe Bistum zurückgegeben. Sie wurde innen und außen renoviert.

Kirche der heiligen Muttergottes (römisch-katholisch)

Die 1853 nach dem Entwurf des italienischen Architekten Morandi gebaute Kirche wurde sofort zu einer wichtigen Sehenswürdigkeit von Odessa. Sie diente nicht nur kirchlichen, sondern vor allem wohltätigen Zielen. Unter Leitung der Kirche wurden ein Waisenhaus, ein Altersheim und ein Krankenhaus geführt. 1934 wurde die Kirche geschlossen und als Lager, später als Turnhalle genutzt. Seit 1992 gehört das Gebäude wieder den Gläubigen und wird allmählich renoviert.

Kirche der heiligen Muttergottes
(römisch-katholisch)
ul. Ekaterininskaja 33
Tel. +380 /482/ 22 17 47

Kirche des heiligen Petrus / Polnische Kirche (römisch-katholisch)

Die Kirche des heiligen Petrus wurde 1913 gebaut. Damals taten dort französische und italienische Priester Dienst. Heute sind es Pfarrer aus Polen. Diese Kirche war nie geschlossen. Sie verfügt über vier Altäre. Im Hauptaltar befindet sich die Ikone der Himmelfahrt der Muttergottes, eine Arbeit des Malers Fischer. Es ist die Kopie eines berühmten Gemäldes von Raffael.

Kirche des heiligen Petrus / Polnische Kirche
(römisch-katholisch)
ul. Gawannaja 5
Tel. +380 /482/ 23 89 20

Preobraschenskij-Kathedrale

Preobraschenskij-Kathedrale (orthodox)

Die Preobraschenskij-Kathedrale entstand in der Gründungszeit der Stadt und war lange Odessas bedeutendste Kathedrale. Nach ihrer Eröffnung am 25. Mai 1808 war sie Schauplatz der wichtigsten Ereignisse des öffentlichen und geistlichen Lebens Odessas und damit das große geistige Zentrum der Stadt. Die wertvollsten Ikonen und heiligen Reliquien wurden dort aufbewahrt. Darunter auch die Kasperowskoj-Ikone der Muttergottes, die sich jetzt in der Uspenskij-Kathedrale befindet. In der Preobraschenskij-Kathedrale wurden auch Graf Woronzow und seine Frau beerdigt. Nach dem Umbau 1903 war die Kathedrale mit einhundertfünf Metern Länge, zweiundvierzig Metern Breite und fünfundsiebzig Metern Höhe die größte Kathedrale in der Ukraine. Bis zu zwölftausend Menschen haben in ihr Platz. Auch diese Kathedrale wurde von der Sowjetherrschaft nicht verschont. Sie wurde am 6. März 1936 gesprengt. Seit einigen Jahren wird sie mit Spenden wieder aufgebaut und ist fast fertig.

Preobraschenskij-Kathedrale
Ploschtschadj Sobornaja 1
Tel. +380 /482/ 21 90 44

Uspenskij-Kathedrale

Die Uspenskij-Kathedrale wurde 1869 mit Geldern der beiden Brüder und Ge-

Kinder beim Gottesdienst

schäftsleute Tscherepannikowy nach dem Entwurf des Architekten Ludwig Otton gebaut. Sie ist eine der größten Kathedralen der Stadt. Unter den orthodoxen Kirchen von Odessa und der Odessa-Region ist sie derzeit, solange die Preobraschenskij-Kathedrale noch nicht fertig ist, die größte und wichtigste.

Uspenskij-Kathedrale
ul. Preobraschenskaja 70
Tel. +380 /482/ 25 82 55

Uspenskij-Kathedrale

Sie ist sechsundfünfzig Meter hoch und fasst bis zu sechstausend Personen. In der Uspenskij-Kathedrale wird eine berühmte Ikone der Gottesmutter aufbewahrt. Der Legende nach wurde sie im 16. Jahrhundert gemalt und von einer serbischen Familie aus Transsilvanien nach Odessa gebracht. Nach dem Namen dieser Familie wird sie heute noch Kasperowskoj-Ikone genannt. Zahlreiche Wunder werden mit ihr in Verbindung gebracht.

Uspenskij-Mönchskloster, 16. Jh.

Das Uspenskij-Mönchskloster wurde 1821 auf dem Grundstück eines moldauischen Adeligen gegründet. Es liegt im Süden Odessas, direkt am Ufer des Meeres, und umfasst mehrere Kirchen, darunter die Uspenskij-Kathedrale. Dort werden heilige Gegenstände aufbewahrt. Auf dem gepflegten Territorium des Uspenskij-Mönchsklosters befindet sich die Sommerresidenz des Moskauer Patriarchen sowie die Residenz des leitenden Abts. 1838 wurde im Kloster ein Priesterseminar gegründet. Während der Sowjetzeit war das Seminar zahlreichen Repressalien ausgesetzt. Heute herrscht dort ein aktives Leben. Es werden Pastoren für die orthodoxen Kirchen ausgebildet. Zur Zeit studieren dort etwa dreihundert Seminaristen, die von dreißig Lehrern unterrichtet werden. Im Kloster leben mehr als einhundert Mönche.

Uspenskij-Mönchskloster 16. Jh.
Majatschny spusk 6
Tel. +380 /482/ 68 16 50, 66 31 85

uliza Deribasowskaja

Plätze und Straßen

Das historische Zentrum Odessas ist überschaubar. Die wichtigsten Straßen und Plätze der Innenstadt kann man leicht in einem halben Tag zu Fuß abgehen, vorausgesetzt, man bleibt nicht in

Holzfiguren in der Deribasowskaja

einem der vielen Straßencafés hängen. Ein Spaziergang über die beliebteste Flaniermeile, die **uliza Deribasowskaja,** ist ein absolutes Muss. Sie ist nach Admiral De Ribas benannt, der im Auftrag von Katharina der Großen die Stadt erbaut hat. Die Straße wurde im Wandel der Zeiten einige Male umbenannt. Aber immer wieder kamen die Odessiten auf den Namen des berühmten Erbauers ihrer Stadt zurück. Im Sommer ist die Straße voll von Touristen. Das ist keine der normalen Einkaufsstraßen einer Großstadt. Hier gilt: „sehen und gesehen werden". Moderne Cafés und exotische Restaurants reihen sich aneinander. Im Sommer stellt sich leicht das Gefühl ein, als hätten sich alle Odessiten zur selben Zeit auf dieser Strasse versammelt. Die teuersten Geschäfte und elegantesten Boutiquen befinden sich in der Deribasowskaja. Die überdachte Ladenstraße **Passage** verbindet die Deribasowskaja mit der ul. Preobraschenskaja.

Passage

Stände mit Kunsthandwerk

Im angrenzenden Stadtgarten haben bis vor kurzem Künstler ihre Kreationen, Mineralien, Bilder und die berühmten Matrjoschkas feilgeboten. Der Markt wurde geschlossen und die Künstler ausquartiert. Der Park soll restauriert werden und der Stadtgarten wieder so entstehen, wie er Anfang des 19. Jahrhunderts von Admiral De Ribas' Bruder Felix angelegt worden war. Im angrenzenden Café „Klara Bara" lässt es sich unter Bäumen im Schatten gut aushalten. Nebenan sitzt der Humorist und Jazzsänger **Leonid Utjosow** als lebensgroße Figur auf einer Bank. Er wartet auf Spaziergänger, die sich mit ihm zusammen fotografieren lassen möchten.

Leonid Utjosow

Gegenüber vor dem Café Woronzow befindet sich ein weiteres beliebtes Fotomotiv: der berühmte **Bronzestuhl** aus einem Roman der Odessiten Ilja Ilf und Ewgenij Petrow aus den zwanziger Jahren des 20. Jahrhunderts. Die Geschichte handelt von einem Gauner, der auf der Jagd nach einem Stuhl ist, in dem eine alte Dame ihre Schätze versteckt hat.

Bronzestuhl

Im rechten Winkel zur Deribasowskaja verlaufen zwei weitere wichtige Einkaufsstraßen: die **ul. Richeljewskaja** und die **ul. Ekaterininskaja.** Neue Geschäfte wachsen dort wie Pilze aus dem Boden. Alle wollen ihre teure Ware verkaufen. Die beiden Straßen verlaufen, wie viele andere auch in Odessa, parallel zueinander. Sie sind etwa zwei Kilometer lang und führen vom Zentrum und Hafen zum Bahnhof oder zum zentralen Markt „Priwos". Durch diese

Schachspieler im Park

Straßen zu bummeln ist, auch wenn es sehr heiß ist (bis zu 40° C in der Sonne), ein Vergnügen. Alte Bäume säumen die Straßen. Ihre Zweige bilden einen Schatten spendenden grünen Korridor. Bunte Schaufenster locken Einkaufswillige zum Eintreten an. Diese alten Straßen säumen hauptsächlich Häuser aus dem 19. Jahrhundert. Der überaus starke Autoverkehr kann freilich den Bummel stören. Möchte man die Schaufenster auf der anderen Straßenseite auch anschauen, ist Vorsicht geboten. In Odessa ist es noch so, dass die Fußgänger beim Überqueren der Straßen trotz grüner Fußgängerampel auf die Reaktion der Autofahrer achten müssen.

Gegenüber dem Hotel Passage befindet sich der **Sobornaja Ploschtaschadj** mit seinem kleinen Park. Benannt ist er nach der Preobraschenski-Kathedrale, die auf diesem Platz seit Anfang des

Katherinenplatz

Neues Einkaufszentrum „Athen" am Griechischen Platz

19. Jahrhunderts stand und nach ihrer Wiedererrichtung wieder steht. Hier befand sich immer der zentrale Platz Odessas. Große städtische Ereignisse spielen sich hier ab. Politiker aus Kiew, geben dort den Journalisten öffentliche Interviews. Und natürlich spielen die Rentner dort bis in die Dunkelheit leidenschaftlich Schach, sprechen über die aktuellen politischen und sportlichen Ereignisse oder streiten über Fußball. Auf dem Platz steht seit 1864 das Woronzow-Denkmal (siehe Beschreibung Denkmäler). Der Kathedralenplatz mit seinen Schatten spendenden Ahornbäumen lädt nach einem Bummel zum Verweilen an.

Dass direkt nebenan die quirlige **ul. Preobraschenskaja** vorbeiführt, merkt man kaum. Sie ist die längste Straße in der Altstadt und eine wichtige Verkehrsader. Von daher fließt auf ihr der Autoverkehr leider auch meistens sehr zäh dahin.Es gibt zahlreiche gut bestückte Läden mit akzeptablen Preisen, Cafés und Restaurants.

Etwas oberhalb der Potjomkin'schen Treppe liegt der kleine, runde **Katherinenplatz (pl. Ekaterininskaja).** Dort stand bis zum Jahr 1917 das Denkmal der Zarin Katharina der Großen. Es wurde gegen das monumentale Denkmal für die aufständischen Matrosen des Panzerkreuzers „Fürst Potjomkin Tawritscheskij" ausgetauscht. Rund um den Platz findet man noble und weniger noble Lokale und Cafés, sowie nicht „ganz preiswerte" Läden.

Von der Potjomkin'schen Treppe nach links über den Primorskij Boulevard Richtung Oper befindet sich der **Dumaplatz**, der Platz der Gemeinde. Duma heißt auf Russisch Parlament. Auf dem Dumaplatz steht das Rathaus mit der Stadtverwaltung. Bei politischen Ereignissen finden auf dem Dumaplatz Demonstrationen statt. Brautpaare lassen sich dort gerne fotografieren.

Der Kulikowa-Platz **(Kulikowo Pole)** entstand nach dem letzten Weltkrieg, als die Stadt ausgebaut wurde. Dort fanden die erbitterten Kämpfe der Rotgardisten (Bolschewiken) gegen die Weißgardisten (die Anhänger der Monarchie) statt. Benannt ist der Platz nach einem Dorf bei Moskau, in dem sich im 13. Jahrhundert Russen und Mongolen-Tataren bekämpften. Es ist der größte Platz in der Stadt. Geschmückt wird er von einer Tannenallee. Bis heute steht das Lenindenkmal dort und so soll es wohl auch bleiben. Man ist großzügig und meint, Lenin gehöre schließlich auch zur Geschichte der Stadt und des Landes.

Einer der wichtigsten Plätze ist der **Griechische Platz** (Gretscheskaja ploschtschadj). Er liegt etwa fünfzig Meter von der Deribasowskaja entfernt, am Ende der ul. Gretscheskaja. In der Mitte des Platzes wurde erst vor kurzem von Griechen und Ukrainern gemeinsam ein großes, rundes Einkaufszentrum errichtet. Westliche Designer und große Firmen bieten dort ihre Waren an. Nebenan befindet sich der Bücher- und Medienmarkt „Knischka".

Griechischer Platz

UNTERIRDISCHES

Die **Katakomben von Odessa** sind beim Aufbau der Stadt quasi als Nebenprodukt entstanden. Es gab in der Umgebung weder Berge noch Wälder. Darum hat man sich kurzerhand das Baumaterial aus der Erde geholt und so den reichlich vorhandenen Muschelkalkstein abgebaut. Wo heute Odessa steht, dort breitete sich in der Vorzeit das Meer aus. Nach seinem Rückgang blieben die Muscheln zurück und bildeten den Muschelkalkstein. Durch dessen Abbau ist ein unterirdisches Labyrinth mit Wegen von insgesamt etwa zweitausend Kilometern Länge entstanden. Dies entspricht etwa der Strecke zwischen Odessa und St. Petersburg oder München und Kiew. Erforscht wurden die auf mehrere Ebenen verteilten unterirdischen Gänge anhand der Eingänge in den verschiedenen Stadtteilen. Verglichen mit den Katakomben in Neapel, Paris und in manchen Städten auf der Halbinsel Krim sind die Katakomben in Odessa sowohl in ihrer Länge als auch in ihrer Tiefe bis zu siebzig Metern mit die größten ihrer Art. Erforscht und skizziert sind rund achthundert Kilometer. Wissenschaftler haben festgestellt, dass die Katakomben von Odessa seit 3,5 Millionen Jahren eine der reichsten fossilen Vorkommen der Säugetierfauna Europas bewahren. Sie gewähren damit Einblick in eine Zeit, als die Küste des Schwarzen Meeres noch den Steppen Asiens ähnelte.

Mit dem Aufbau von Odessa wurden die unterirdischen Gänge ausgebaut. Häufig versteckten sich Schmuggler und Piraten darin. Im Zarenrussland haben sich die Bolschewiken in den unterirdischen Höhlen und Gängen zu konspi-

Exkursionen zu den Katakomben

mit speziellen Katakombenführern werden im Teil des Partisanenmuseums durchgeführt. Während der rund vierzigminütigen Exkursion leuchten die Besucher ihren Weg mit Kerzen selbst aus. Es empfiehlt sich unbedingt, eine Jacke und eine Taschenlampe mitzunehmen. Die Gefahr, sich in den Katakomben zu verlaufen, ist groß. Kein Besucher sollte vom Wege abweichen und auf eigene Faust alleine einen Gang erforschen wollen!

rativen Treffen versammelt oder ihre verbotene Literatur dort aufbewahrt. Illegale Geschäfte wurden in den Katakomben abgewickelt. Während des Zweiten Weltkrieges versteckten sich die Partisanen von Odessa in den Katakomben und bekämpften von dort aus die Faschisten. Neuerdings suchen obdachlose Jugendliche in den Katakomben Unterschlupf und schnupfen dort allerlei Chemikalien. Sie gehören zu den Sozialfällen Odessas, deren sich die Gesellschaft für technische Zusammenarbeit GTZ annimmt.

Ansonsten werden die Katakomben heute praktisch kaum mehr genutzt. Versuche, in den feuchtkalten Gängen Champignons zu züchten, scheiterten an der Gefräßigkeit der Ratten. Im Inneren der Katakomben ist es stockdunkel. Die Temperatur beträgt konstant acht bis zehn Grad über Null. Die Luftfeuchtigkeit liegt das ganze Jahr über bei rund neunzig Prozent.

Besichtigen kann man kleine Abschnitte der Katakomben in der Nähe des Dorfes „Nerubajske", einem **Vorort dreizehn Kilometer nördlich von** Odessa Richtung Kiew. Dort wurde ein unterirdisches Partisanenmuseum eingerichtet, in dem man das damalige Leben unter der

Katakomben

Erde nachgestellt hat: wo gekocht, gegessen, geschlafen wurde. Gegenstände wie Waschbottich, Funkgerät und Druckmaschine, Gewehre, selbst gebaute Explosionskörper und andere Utensilien des Partisanenlebens vermitteln einen lebhaften Eindruck von dem Kampf aus der Tiefe heraus.

Anfahrt zum Katakombeneingang bei Nerubajske:
mit Bussen an der Haltestelle gegenüber dem Hauptbahnhof von Odessa. Fahrtzeit ca. dreißig Minuten. Gebühren für Fahrt und Führer ca. 20 UAH (etwa 3 Euro).

Jeden Tag ein neuer Witz

Feste, Feiern und der typisch odessitische Humor

So richtig ernst genommen wird in Odessa eigentlich nichts. Unterschwellig schimmert bei nahezu jeder Unterhaltung eine Portion Humor durch, der bis zu bitterer Ironie reichen kann. Irgendwie hat sich Odessa einfach zum Zentrum des Humors entwickelt. Es ist die Heimatstadt vieler Humoristen und Satiriker, die später nach Moskau umgesiedelt sind. Immer wieder kommen berühmte Vertreter dieser Kunstgattung aus Moskau und St. Petersburg nach Odessa, um dort große Aufführungen zu veranstalten.

Was ist das eigentlich, der typisch odessitische Humor?, werden Sie vielleicht fragen? Odessa und seinen Humor versteht man nur, wenn man dort lebt, werden Sie von Einheimischen auf diese Frage zu hören bekommen. Denn Humor ist in diesem Fall nicht nur die Fähigkeit, Witze zu erzählen, sondern im täglichen Leben an der richtigen Stelle passend zu kontern. Wir möchten Ihnen darum einige Beispiele erzählen, wie Witze und Anekdoten in Odessa klingen können:

Zwei Männer verlassen einen Club. An der Garderobe erhalten sie ihre Mäntel. Der eine gibt ein großzügiges Trinkgeld, worauf der andere fragt: „Bist du verrückt, so viel Trinkgeld zu geben? Machst du das immer so?“ Der erste antwortet: „Normalerweise nicht, aber schau mal, welchen Mantel er mir gegeben hat.“

Der Odessit Leonid Utjosow, bekannter Sänger und Begründer der ersten sowjetischen Jazzbands, 1895–1982, beschrieb Odessa als „sonnige Stadt, wo die Menschen lachen und scherzen können und zwar in erster Linie – und das ist besonders

Straßenumzug bei der Humorina

Ein Besucher von Odessa fragt einen Odessiten, wie er zur uliza Deribasowskaja kommt. Der Odessit fragt sofort zurück, ob er nicht von Odessa sei, woher er denn komme? Der Gefragte antwortet, er komme aus der kleinen Stadt Berditschew. Gleich nach der Antwort beginnt der erste eine lange Rede darüber, dass seine Mutter aus dieser Stadt stamme und wie schwer ihr Leben dort gewesen sei. Zehn Kinder habe sie ganz alleine aufgezogen. Als der Besucher nach einer halben Stunde die Geduld verliert und seine Frage wiederholt, wie man zur Deribasowskaja komme, antwortet der Gefragte ungehalten: „Mein Gott, warum reden Sie so viel – wir stehen doch auf der Deribasowskaja."

Eine Frau öffnet die Augen und erblickt an ihrem Bett plötzlich ihren Mann, der einen Tag früher als geplant von seiner Dienstreise zurückgekehrt ist: „Ach, du bist es Sjoma!", sagt sie schläfrig. „Und wer liegt dann neben mir?"

Das Ehepaar Abram und Sarah flaniert durch die Deribasowskaja. Vor ihnen gehen zwei schick gekleidete Damen. Abram kann sich nicht zurückhalten und sagt zu Sarah: „Sarah, siehst du diese zwei Frauen?". „Ja und, was?", fragt Sarah zurück. „Die Frau, die da links geht, ist meine… Geliebte", erklärt Abram und erwartet, dass Sarah ihm jetzt das Gesicht zerkratzt. Sarah aber läuft plötzlich nach vorne, schaut die Frauen an, kommt zu ihm zurück und sagt: „Ach Abram, unsere ist doch die Schönste von beiden."

wichtig – über sich selbst." Das Bronzedenkmal von Utjosow steht in der ul. Deribasowskaja (s. Beschreibung dort).

U-Boot im Straßenumzug

Auch die Festivitäten in Odessa sind von Humor geprägt:

1. April: „Humorina".

Die ersten drei Tage im April sind in Odessa für „Humorina" reserviert, eine dem Karneval ähnliche Feier mit Umzug in Masken und bunten Kostümen. Die Innenstadt wird gesperrt. Tausende grell geschminkte Menschen ziehen singend und tanzend mit Pappnasen und großen Pappohren durch die Stadt. Auf Freilichtbühnen finden zahlreiche Veranstaltungen mit berühmten Humoristen und Satirikern aus der Ukraine und aus Russland (Moskau, St. Petersburg) statt. Zumeist sind es Künstler, die noch aus der Sowjetzeit für ihre humorvollen Geschichten bekannt sind. Jeder freut sich, wenn er an diesem Tag einem anderen ein Schnippchen schlagen kann. Die „Humorina" wurde 1973 als „Tag des Lachens" ins Leben gerufen. Es gibt sie nur in Odessa (nicht in der übrigen Ukraine). Früher wurde dabei auch das damalige sowjetische System durch den Kakao gezogen, was dazu führte, dass die „Humorina" in den Jahren 1976–1986 verboten wurde. Seit der Perestroika lebt das Fest wieder auf und wird von der Stadtverwaltung unterstützt. Organisiert wird die „Humorina" vom „Humorina"-Club.

April, zweite Hälfte: „Zwei Tage und zwei Nächte". In einem Konzertmarathon wird zwei Tage und zwei Nächte lang auf hohem Niveau zeitgenössische Musik mit internationalen Interpreten dargeboten.

Assoziation für zeitgenössische Musik
65011 Odessa
Tel./Fax +380 /482/ 22 52 83 und 49 60 28
E-mail: new_music@irf.odessa.ua

Mai/Juni: Jedes Jahr im Sommer finden in der Philharmonie die Kinderwettbewerbe „Swesdotschka" (Sternchen) und "Wesjolaja Raduga" (lustiger Regenbogen) statt. Sie sollen die künstlerische Entwicklung von Kindern und Jugendlichen im Alter von 7 bis 28 Jahren fördern. Bewertet werden deren Darbietungen in Musik, Tanz, Gesang oder schauspielerische Fähigkeiten. Es gibt keine Einschränkungen auf ein bestimmtes Genre.

Mai: „Weiße Akazie"

heißt das Festival, das Ende Mai zur Zeit der Akazienblüte alle zwei Jahre stattfindet. Das letzte fand im Mai 2005 statt. Zwei Wochen lang geben namhafte Musiker aus der Ukraine, Russland, Deutschland, Österreich, Italien, Moldau, USA und der Schweiz in Oper, Philharmonie und Operette Konzerte mit klassischer Musik, Jazz und Unterhaltungsmusik. Darunter beispielsweise der bekannte russische Bratschist Juri Bashmet mit dem Moskauer Kammerorchester.

Auch musikliterarische Abende stehen bei der **„Weißen Akazie"** auf dem Programm, die vom Kulturreferat der Odessaer Stadtverwaltung organisiert und finanziert wird, **Dumskaja Ploschtschadj 1, http://www.odessa-city.com**

September: Jazzfestival:

Seit dem Jahr 2000 findet regelmäßig alle zwei Jahre im September ein Jazzfestival statt. Es heißt „Jazzkarneval" und ist stark vom Humor geprägt. Vier Tage lang sind in der Philharmonie, in der Oper sowie unter freiem Himmel auf den Plätzen und in den Straßen der Stadt traditioneller Jazz und freie Improvisationen zu hören. Die Musiker, Orchester und Dixieland-Bands kommen aus der Ukraine, Russland, Österreich, Deutschland, Spanien, Litauen, Polen, Frankreich, Tschechien oder anderen Ländern. Während des Festivals werden auch Meisterklassen durchgeführt. Herausragendes Ereignis ist die Segeljazzregatta im Odessa-Jachtclub. Die Jachten schwärmen mit Musikern besetzt aus. Auf den Schiffen wird gejazzt und gefeiert. In der Regel endet das Festival mit einem Galakonzert in der Oper und einem stundenlangen Jazzmarathon unter freiem Himmel davor.

2. September: „Tag der Stadtgründung Odessas"

Es wird den ganzen Tag lang gefeiert. Auf den Freilichtbühnen finden Konzerte mit Künstlern aus der Ukraine und den GUS-Ländern statt. Auch das Opernfestival „Goldene Krone" war einige Jahre in diese Festivitäten integriert. In offenen Verkaufsständen werden Spezialitäten der Odessaer Küche angeboten.

Herbst: Weinfest in der ul. Deribasowskaja

Alljährlich Mitte September präsentieren die Weinkeltereien aus Odessa und der Odessa-Region in der ul. Deribasowskaja ihre Weine, Verkostung und Verkauf inbegriffen. Zu den populärsten Rebsorten zählen: Cabernet, Chardonnay, Merlot, Riesling und Aligote.

Odessa und das Schwarze Meer

Odessa ist eine Stadt am Meer, von der aus man das Meer allerdings nur an wenigen Stellen sieht. Denn die rund fünfunddreißig Kilometer Strand in der Bucht von Odessa sind von einer hohen Uferböschung verdeckt.

Der Hafen

Der Hafen im nördlichen Teil des Stadtgebiets ist Odessas wirtschaftliches Kernstück. Dort legen die großen Kreuzfahrtschiffe an und bringen jedes Jahr mindestens fünfhunderttausend Touristen aus der Ukraine, Russland und dem westlichen Ausland in die Stadt. Der angrenzende Handelshafen ist ein Umschlagplatz für Waren aller Art. Auf einer Länge von acht Kilometern verfügt er über achtunddreißig Anlegestellen für Hochseeschiffe. Es werden mehr als vierzehn Millionen Tonnen trockene Güter und über vierundzwanzig Millionen Tonnen flüssige Güter umgeschlagen.

Um gegen die benachbarten Konkurrenzhäfen Juschnij und Iljitschowsk bestehen zu können, bedient man sich des Know-hows internationaler Fachleute. Unter anderem versucht eine deutsche Firma die Organisation der Abfertigung im Containerterminal des Odessaer Hafens zu verbessern. Der Containerumschlag hat sich seitdem verdoppelt. Auch auf besseren Kundenservice wird hingearbeitet, um schnell auf Anfragen zum Stand der Warenabfertigung reagieren zu können. Bei entsprechendem Management werden die Perspektiven für den Containerverkehr von ausländischen Beratern als sehr gut eingeschätzt.

Handelshafen mit Kränen

Passagierhafen

Der Passagierhafen ist die Zentrale für den großen Personenschiffsverkehr. Dort legen die Kreuzfahrtschiffe

Hotel Odessa

an. Symbolträchtig wurde das neunzehngeschossige „Hotel Odessa" als eines der größten in Odessa direkt ans Wasser

Baby

gebaut. Bei näherem Hinsehen kann man sogar die Form eines Schiffes erkennen. Auch das Ausstellungs- und Messezentrum befindet sich am Passagierhafen. Die Skulptur eines Babys auf dem Vorplatz soll das Wiederaufblühen der Stadt Odessa nach der sowjetischen Zeit symbolisieren.

Passagierhafen mit Baby-Symbol

Am Passagierhafen befinden sich die Anlegestellen für die kleinen Ausflugsschiffe, mit denen man an den Stränden von Odessa hin und her fahren kann. Genaue Abfahrtszeiten gibt es nicht. Wenn das Schiff voll ist, geht's los. Preis für die Fahrt zum Strand Arkadija ca. 15 UAH, etwa 2,20 pro Person. Die Rückfahrt kann man entweder mit dem nächsten Schiff oder mit einem Taxi antreten.

Mangels Nachfrage und hohen Brennstoffpreisen finden derzeit keine Fahrten mit dem Tragflächenboot von Odessa auf die Krim statt.

Zwei Mal pro Woche fährt der Katamaran „Crimean Arrow" von Odessa aus nach Varna in Bulgarien. Preis: 150 hin und zurück, diverse Ermäßigungen für Kinder und Gruppen möglich.

Information: Reisebüro London Sky, direkt am Meeresbahnhof,
Tel. +380 /48/ 729 31 96
E-Mail: londonsky@mail.com

Jachthafen

Unmittelbar neben dem Passagierhafen, liegt der Jachthafen von Odessa.

Badestrände

Südöstlich entlang der Bucht von Odessa schlängeln sich die Badestrände. Um zum Wasser zu kommen, kann man die zahlreichen Stufen hinuntersteigen, die an vielen Stellen der Böschung mal mehr oder mal weniger gut angelegt sind. Etwa in der Mitte des Stadtbereichs gibt es eine kleine, alte, offene **Seilbahn** mit Zweisitzkabinen. Strandhungrige können damit über den Baumwipfeln nach unten schweben. Manche Sanatorien in Meeresnähe verfügen über Lifte, die Gäste bequem zum Ufer befördern. Zahlreiche Strände sind auch mit dem Auto und öffentlichen Verkehrsmitteln direkt anzufahren. Das Netz der Marschroutentaxis, wie die zahlreichen Kleinbusse in Odessa genannt werden, ist

Der Schiffsclub „Nautica"
bietet Jachten, Service, Boote, Betreuung und Wartung an
Tel. +380 /48/ 729 43 35

Strand Lanscheron

gut ausgebaut. Viele dieser Kleinbusse fahren die Strände direkt an.

Einer der wenigen eben zugänglichen Strände in Odessa ist der im Gebiet von **Arkadija,** übersetzt Paradies. Er ist sehr populär und im Sommer von Touristen und Einheimischen stets übervölkert. Dort gibt es unzählige Restaurants, mehrere gute Hotels von sehr teuer (Arkadija Plaza, Palace del Mar) bis gute Mittelklasse (Hotel Morskaja). Dass es in Arkadij laut ist und aus jedem Restaurant eine andere Musik in unterschiedlicher Wiedergabequalität dröhnt, muss man dabei mögen oder zumindest aushalten. Der Ausblick jedenfalls ist schön, weil das Meer etwas unterhalb der Restaurantzeile liegt.

Arkadija ist im Vergleich zu anderen Stränden einer der teuersten, dafür aber sauber. Eine Strandliege mit Sonnenschirm kann man schon für 15 Griwna, umgerechnet etwa 2 Euro, mieten.

Badende am Strand

Näher am Stadtzentrum liegt der Strand **„Lanscheron".** Er ist benannt nach dem Namen des Franzosen Lanscheron, der einige Jahre nach Herzog Richelieu Bürgermeister von Odessa war. Die Marschroutentaxis mit den Nummern 203, 202 oder 233 fahren im Sommer direkt an den Strand. Es gibt dort Ruder- und Tretboote sowie

Tor zum Strand Lanscheron

Wasserfahrräder zu mieten. Zahlreiche Restaurants säumen das Ufer.

Liebhaber der Freikörperkultur finden direkt neben dem Strand des Sanatoriums Tschkalowa einen ruhigen und gepflegten Steinstrand mit klarem Wasser. Nach etwa fünf Gehminuten hinter dem Zugang zum Strand des Sanatoriums weiter nach Süden führt links ein fast versteckter Trampelpfad zum Meer hinunter. An der Strandbar gibt es gekühlte und warme Getränke sowie Snacks.

Die meisten Strände im Stadtgebiet sind durch ins Meer hinein gemauerte Stege in einzelne Stücke unterteilt. Wer lange Strandspaziergänge liebt, fährt am besten gleich nach Süden weiter. Beispielsweise ins rund dreißig Kilometer gelegene **Iljitschowsk**. Die kleine junge Stadt entstand in den fünfziger Jahren des 20. Jahrhunderts und entwickelte sich zusammen mit ihrem Hafen. Stadt und Hafen gehörten bis in die achtziger Jahre zu Odessa. Iljitschowsk liegt sehr schön am Ufer des Meeres. Der grüne Ort hat viele Parks mit Blumen und ist insgesamt verhältnismäßig sauber. Entlang der weiten Sandstrände gibt es in unmittelbarer Nähe des Wassers zahlreiche gemütliche Lokale.

Noch ein Stück weiter nach Süden, rund vierzig Kilometer von Odessa entfernt, liegen die weiten Sandstrände von **Karolino Bugas.** Auf einer Länge von rund zwanzig Kilometern ist der Strand meist hundert Meter breit. Die Region Karolino Bugas gilt als Erholungsgebiet der Extraklasse. Weißer Sand, würziger Geruch der Steppe, sauberes Meerwasser und das Mikroklima des angrenzenden Süßwasserlimans (eine Arte Lagune) kennzeichnen Karolino Bugas als eines der schönsten Strandstücke südwestlich von Odessa. Keine Industrie stört das ökologische Gleichgewicht. Allerdings ist es dort angebracht, sich etwas zum Essen und Trinken mitzubringen, denn die touristische Infrastruktur mit Restaurants ist dort nicht so entwickelt wie an den Stadtstränden in Odessa. Die zahlreichen Erholungsheime im Gebiet Karolino Bugas sind in ihrem Standard eher auf weniger anspruchsvolle Touristen aus Russland, der Ukraine und Weißrussland ausgerichtet. Neuerdings entstehen dort aber auch moderne Ferienhäuser westeuropäischen Niveaus.

Nicht nur im Gebiet von Karolino Bugas gibt es die Möglichkeit, abwechselnd in Salz- und in Süßwasser zu baden. In der Odessa-Region gibt es zahlreiche Limane. Einige dieser ehemaligen Meeresbuchten, die durch Landzungen

Die Stadt Odessa und die Region leben von der günstigen Lage am Schwarzen Meer. Hafenbetrieb und Tourismus sind wichtige wirtschaftliche Säulen für die Stadt. Der Dichter Alexander Puschkin hat aber im Schwarzen Meer noch mehr gesehen und bei seinem Abschied aus der Stadt folgende Zeilen verfasst.

Lebt wohl, ihr fessellosen Fluten!
Zum letzten Male vor mir rollt
In träumerischen Sonnengluten
Der stolzen Wogen Blau und Gold
… so leb denn wohl, o Meer! Begleiten
Wird mich dein feierliches Bild,
Dein Rauschen lang in anderen
Breiten
Ertöne mir, bald weich, bald mild.

vom Meer getrennt wurden, sind zudem reich an **Heilschlamm,** wie der Chadschibejliman oder der Kujalnikliman, beide nordwestlich von Odessa gelegen. In der Nähe des Kujalniklimans gibt es Mineralquellen. Das leicht salzige Heilwasser «Kujalnik» wird in Odessa gerne getrunken und soll Abhilfe schaffen bei allen Krankheiten.

Festung Belgorod Dnjestrowskij

Umland

Es lohnt sich, den Ausflug nach Süden noch weiter auszudehnen. Rund achtzig Kilometer südwestlich von Odessa am Fluß Dnjestr liegt die alte Stadt **Belgorod-Dnestrowskij** – die „weiße Stadt am Dnjestr". Belgorod-Dnestrowskij ist eine der ältesten Städte der Ukraine. Ihre Häuser sind aus weißem Kalkstein erbaut. Sie entstand auf den Ruinen der antiken griechischen Stadt Tyras, die sich dort im sechsten Jahrhundert v. Chr. befand. Eine besondere Sehenswürdigkeit ist die Festung Belgorod-Dnjestrowskij, ein gut erhaltenes, wertvolles historisches Baudenkmal aus dem Mittelalter. Neben der alten Festung werden in Ausgrabungen immer wieder Teile der altgriechischen Kolonie Tyras gefunden.

Und ganz am südlichen Ende der Ukraine und der Odessa-Region, an der Grenze zu Rumänien, liegt die kleine Stadt **Wilkowo.** Wilkowo bedeutet auf Russisch Gabel und wurde

Wilkowo

als Ortsbezeichnung gewählt, weil die drei großen Wasserarme, die von dem Ort in Richtung Meer fließen, die Form einer Gabel aufweisen. Das ganze Gebiet des Donaudeltas steht unter Naturschutz und wurde von der UNESCO zum Weltkulturerbe erklärt. Wilkowo wird wegen seiner Lage am Wasser und den zahlreichen Kanälen (genannt „Jeriki") als „Venedig der Ukraine" bezeichnet. Der Kilometer Null der Donau und das malerische Delta sind allemal ein Anziehungspunkt für Besucher.

Das Schwarze Meer

ist das einzige Binnenmeer der Welt. Im Süden ist es durch den Bosporus und die Dardanellen mit dem Mittelmeer verbunden, im Nordosten durch die Meerenge Kerschenkij mit dem Asowschen Meer. Schwarzes Meer heißt es deshalb, weil das Wasser, bedingt durch den erhöhten Salzgehalt, dunkler aussieht als beispielsweise das des Mittelmeeres. Seine größte Ausdehnung in Ost-West-Richtung umfasst 1150 Kilometer. Die größte Tiefe vor Jalta beträgt 2240 Meter. Flächenmäßig ist es um ein Fünftel größer als Deutschland. Die Flüsse Donau, Dnjepr, Dnistr, Südbug und zahlreiche kleinere münden im Schwarzen Meer, ebenso der georgische Kodori und Inguri.

Das Schwarze Meer hat wenige Inseln (Insel „Smejiny" in der Nähe des Donaudeltas, Insel „Beresan" in der Nähe der Stadt Nikolajew) und Buchten. Seine Küste ist wenig gegliedert und fällt meist steil ab. Die Flüsse bilden bei der Mündung ins Meer häufig so genannte Limane – lagunenartige seichte Seen.

In den oberen Wasserschichten gibt es Wasseralgen und bis zu hundertachtzig Fischarten: Delphine, Seeteufel, Thunfisch, Beluga, Schollen, Makrelen und viele andere. In den unteren Schichten dagegen ist kaum Leben zu finden.

Heilsamer „Dreck"

Die Kurstadt Odessa, ihre Sanatorien und chinesische Akupunktur

Wenn man es genau übersetzt, müsste man eigentlich sagen, Odessa sei ein „dreckiges Kurgebiet". Was übersetzt „Dreck" bedeutet, ist gesund und wird Heilschlamm genannt. Es gibt ihn rund dreizehn Kilometer nordöstlich von Odessa im Kujalnik-Liman. Man reibt sich damit ein, lässt ihn eine Zeit lang wirken und wäscht ihn dann wieder ab.

Die Schlammbäder werden bei den unterschiedlichsten Erkrankungen als Heilmittel angewandt. Sie sollen Entzündungen entgegenwirken, das Immunsystem stimulieren, sich positiv auf geschädigte Organe und den gesamten Organismus auswirken. Eine wichtige Rolle dabei spielt die so genannte Rapa. Die Flüssigkeit wird getrunken und wirkt aufgrund ihres hohen Salzgehaltes heilend bei Magen- und Darmerkrankungen. Insgesamt schreibt man der Schlammbehandlung und der Rapa Heilwirkung bei allen möglichen Erkrankungen zu. Das Nervensystem soll davon profitieren, Arthrosen und Arthritis sowie Rheuma sollen geheilt werden. Bei Hautleiden, Frauenleiden, Impotenz, Prostatabeschwerden, Bronchialerkrankungen und vielem mehr wird der Heilschlamm als Medizin eingesetzt.

Kurbehandlung im Lermontow-Sanatorium

Erstmals hatte der Arzt Erast Andrijewskij 1833 die Heilkraft des mineralhaltigen Schlamms erkannt und daraufhin die städtischen Behörden Odessas von der Gründung einer Heilanstalt überzeugt. 1841 wurden die ersten Holzbauten errichtet, in denen die ersten Patienten mit Schlamm behandelt wurden. Später entstanden feste Gebäude aus Stein. Während der Sowjetzeit wurde eine Reihe von Hochhäusern errichtet, um Menschen aus der ganzen Sowjetunion unterzubringen, die zur Behandlung anreisen wollten. Kurz nach der politischen Wende erlebte der Kurort „Kujalnik" eine Krise, von der er sich aber zunehmend wieder erholt. Damit auch die Sanatorien in Odessa und Umgebung ihre Gäste damit behandeln können, wird Schlamm aus dem Kujalnik-Liman auch verschickt.

Unter anderem wegen der Vorkommen des Heilschlamms ist Odessa als Kurstadt bis heute beliebt. Freilich sind viele Sanatorien verfallen und entbehren westlichen Standard. Sie liegen aber durchweg an landschaftlich schönen Plätzen. Man findet sie entweder direkt am Strand oder in Strandnähe. Im Erholungsgebiet „Arkadija", was so viel wie Paradies heißt, gibt es gleich mehrere. Wer abenteuerlustig ist und auch mal mit weniger Komfort auskommt, kann von einer Kur in solch einem Sanatorium durchaus Heilerfolge erwarten. Am besten bucht man dies über Mittelsleute in der Ukraine oder nutzt eine Kurzreise nach Odessa, um für einen Erholungsurlaub in aller Ruhe das richtige Sanatorium zu finden. Wir bieten Ihnen einige zur Auswahl an.

Der etwa sechzig Kilometer südwestlich von Odessa gelegene Kurort Karolino-Bugas - Satoka ist ein sich intensiv entwickelndes touristisches Zentrum. Der Ort liegt direkt an der Stelle, wo der Dnjestrliman in das Schwarze Meer mündet. Diese sich auf zwanzig Kilometer erstreckende Landzunge galt schon immer als eines der besten Erholungsgebiete der Region. Direkt nebeneinander liegendes Salzwasser und Süßwasser sowie der Geruch der Steppe locken immer Sommer Tausende

Zum Kujalnik-Liman gelangt man vom Bahnhof aus mit dem öffentlichen Marschroutentaxi Nr. 110 oder dem Bus Nr. 110

Das „Pirogowa"-Sanatorium ist die bekannteste Kureinrichtung im Kujalnik-Liman. Es liegt an der ul. Limana; eine Hausnummer wird nicht angegeben; jeder Taxifahrer findet leicht dorthin.

Kontakt:
Tel. +380 /482/ 55 90 77, 55 90 32,
http://odecca.ru/sanatorium_kuyalnik.shtm
Preise: ab 12 bis 37 Euro je nach Zimmerkategorie

Über die Sanatorien informiert ein Odessaer Reisebüro in der ul. Bolschaja Arnautskaja 8/18. Die Buchung kann über das Internet erfolgen. Senden Sie ihre Wünsche mit Angabe Ihres Familiennamens, der Zahl der Personen inkl. Altersangaben, evt. Anzahl der Kinder, Ihrem Wunschdatum sowie der gewünschten Zimmerkategorie und eventuellem Transferwunsch vom Bahnhof oder Flughafen an die E-Mail-Adresse: uss-tour@ukr.net. Tel./Fax + 380 /48/ 728 80 20 www.ODECCA.RU/ lechenie_kuyalnik.htm und www.ODECCA.RU/ sanatorium_kuyalnik.shtm

von Besuchern an. Die sauberen Sandbadestrände sind bis zu hundert Meter breit. Die Badesaison dauert von Mitte Mai bis etwa Mitte Oktober. Die durchschnittliche Temperatur beträgt 24° bis 28° Celsius und die Wassertemperatur 19° bis 23° Celsius. Es entstehen zunehmend moderne, komfortable Ferienhäuser, die gerne für den ganzen Sommer vermietet werden.

Sanatorium „Odessa"
zehn Gehminuten vom Meer entfernt; Platz für etwa dreihundert Gäste. Exotische Pflanzen zieren das Gelände. Am Strand gibt es Cafés und Restaurants.
Französischer Boulevard 52, Tel. +380 /482/ 63 72 20, 63 64 22
Preis pro Tag: ab 12 bis 46 Euro je Zimmerkategorie

Sanatorium „Rossia"
in Arkadija, der renommiertesten Erholungszone von Odessa, direkt am Ufer; eigener Badestrand und Tennisplätze vorhanden; Französischer Boulevard 60 Tel. +38 /0482/ 65 52 31, 68 34 73

Sanatorium „Gorkogo"
am Ufer im Süden der Stadt; Fontanskaja Doroga 165, Tel. +380 /482/ 63 03 38, 63 44 94

Sanatorium „Moldova",
in Arkadija, Sauna, Unterwasserdusche und Massage, Tennisplätze, Billard, Schwimmbad mit Mineral- und Meereswasser. ul. Posmitnogo 2 Tel. +380 /482/ 63 95 85, 63 12 69

Im Allgemeinen glauben die Menschen in der Ukraine viel an Naturheilverfahren und wenden diese an. Alternative Heilmethoden sind beliebter als pharmazeutische Produkte. Eine davon ist die chinesische Akupunktur. In Odessa bekommt man sie von echten Chinesen (siehe Kasten).

Juan Dun
und seine Nadeln

Juan Dun

Behende sticht der kleine Mann die bis zu fünf Centimeter langen Nadeln ein. Seine langen grauen Haare sind zu einem Pferdeschwanz zusammengebunden, der bis zum Gesäß reicht.

Die neunzig Jahre sieht man dem aktiven Chinesen nicht an. Seit über vierzig Jahren lebt und praktiziert er in dem Dorf Altestowo, rund dreißig Kilometer nordwestlich von Odessa. Obwohl kein einziges öffentliches Verkehrsmittel in den abgelegenen Ort führt, sind Duns Praxisräume jeden Tag von sieben in der Woche zwischen acht und zehn Uhr voll. Die Leute finden durch Mundpropaganda zu ihm. Dun behandelt alle, die zu ihm kommen, arm oder reich, ohne Ausnahme. Das Honorar wird individuell festgelegt. Wie, das erfährt man nicht. Es geht diskret und niemand fühlt sich beobachtet oder übervorteilt. Immer wieder behandelt er auch umsonst, einfach, weil er die Menschen oder deren Sache schätzt. Da wird keine Patientenkartei geführt oder akribisch die Krankengeschichte erforscht. Die Nadeln sitzen immer richtig.

Dun kam in die Ukraine, weil er vor Mao Tse Tungs Repressalien aus China geflüchtet war. In der Ukraine hat man ihn zunächst beargwöhnt. Er hauste anfänglich in einer kleinen Hütte. Die Patienten brachten ihm als Dank etwas zu essen, ein bisschen Milch, Brot, Eier. Zeitweise wollte man ihm das Behandeln sogar verbieten und tat alles, um ihn regelrecht zu vertreiben. Dun erhielt weder Land noch eine Wohnung. Erst nachdem er einen der damaligen Regierungsvertreter erfolgreich mit seinen Nadeln von einer Krankheit befreite, ging es aufwärts.

Nikolaj Wasiljewitsch, wie er von den Einheimischen nach russischer Manier genannt wird, ist nicht nur im Süden der Ukraine anerkannt. Auch in Kiew und sogar in anderen Ländern kennt und schätzt man ihn. Den Namen Nikolaj haben ihm die Einheimischen gegeben, nach dem heiligen Nikolaus, der Wunder wirkte. Und weil man nach altukrainischer Sitte auch einen Vatersnamen braucht, haben sie kurzerhand Wasiljewitsch daran gehängt.

Dun hat viel vor. Kulturaustausch liegt ihm am Herzen. Man müsse eine Brücke bauen zwischen den Ländern. Kultur stehe immer an erster Stelle, meint er. Kultur und vor allem Musik seien die besten internationalen Verständigungsmittel. Angeregt unterstreicht er seine Ausführungen mit den Händen und Armen. Seine lebendigen dunklen Augen strahlen. Zum Abschied erlaubt er ein Foto und auch, dass über ihn geschrieben werden darf. Keine Selbstverständlichkeit.

Tel. +380 /67/ 48042 98

ЦІНА 1КГ
4
10

Essen, Trinken, Ausgehen

Baron Münchhausen und die beste Fischsuppe

Odessa ist ein Paradies für Schlemmer. Die Küchen der Restaurants sind voller Köstlichkeiten: frische Meeresfische, japanische Sushis, italienische Nudeln, prämiertes wohlschmeckendes Weizenbier, gebraut nach deutschem Reinheitsgebot im westukrainischen Schitomir, vielfältige Würste, Lamm-, Schweine-, oder Kalbfleisch, der berühmte ukrainische Speck „Salo", ohne den nichts geht, und natürlich nahezu überall der ukrainische Borschtsch, die Kohlsuppe oder ukrainische Minestrone. Die Aufzählung könnte unendlich fortgesetzt werden. In den zahlreichen Cafés und Restaurants in Odessa gibt es für jeden Geschmack etwas. Auch die schnelle Küche ist vertreten. An mehreren Stellen der Stadt gibt es Buffets zum Selbstbedienen. Etwa am Griechischen Platz (Gretscheskaja Ploschtschadj) im Untergeschoss des Einkaufszentrums „Tawria B", oder die „Scharju Parju" Filialen mit einem vielfältigen Angebot köstlicher Speisen an der Ecke ul. Gretscheskaja / ul. Preobraschenskaja oder in der ul. Uspenskaja, Ecke ul. Puschkinskaja. Fast überall wird Saft aus frischen Früchten gepresst.

Wo anfangen, aus der Vielfalt etwas auszuwählen, wenn Sie hungrig sind, werden Sie sich vielleicht fragen? Lassen Sie sich einfach von der Eingebung führen und kehren Sie da ein, wo es Sie hinzieht. Speisekarten gibt es außer in Russisch und Ukrainisch meist auch in Englisch und manchmal sogar in Deutsch.

Markt "Priwos"

Vielleicht machen Sie auch einen Ausflug auf einen der Märkte und besorgen sich etwas zum selber Anrichten. Auf dem zentralen Markt „Priwos" in Bahnhofsnähe finden Sie spätestens ab dem Frühjahr Berge von frischen Fischen aufgetürmt. Darunter armdicke Aale, schwergewichtige Lachsforellen, köstlichen Beluga, eine große Fischart mit Schwarzkaviar (sehr lecker und sehr teuer) Karpfen, Zander Makrelen, Stör, Flundern, Forellen,

Café Slastjona

Klarabara,
verhältnismäßig ruhiges Café im Stadtgarten, im Sommer Freisitz unter Bäumen,
ul. Deribasowskaja
Tel. +380 /482/ 37 51 08

Anschovis, eine Vielzahl geräucherter Fische und Kaulköpfe. Letztere sind in Odessa sehr beliebt. Die kleinen Fische leben im Schwarzen Meer, haben einen großen Kopf und keine Gräten. Die Auswahl bietet etwas für jeden Geschmack und jedes Portemonnaie. Die Preise für ein Kilo können zwischen eineinhalb bis sechzig UAH pro Kilo liegen, umgerechnet etwa 0,25 bis 9,50 Euro.

Aber auch andere frische Lebensmittel sind in reichhaltiger Auswahl vorhanden: Gemüse, preiswert und knackig: glänzende schwarzlila Auberginen, große und kleine Paprikaschoten, duftige gelbe, rosa und rote Tomaten, eine breite Palette an Kartoffelarten, einheimische und exotische Obstsorten, Spezialitäten der östlichen Küche und vieles mehr.

Typisch ist in Odessa nur die Vielfalt!

Der Fisch spielt in der Stadt am Schwarzen Meer selbstverständlich eine große Rolle. Das berühmteste Fischgericht von Odessa ist der so genannte gefüllte Fisch (farschyrowannaja ryba). Das ursprünglich jüdische Essen gehört zu den typisch odessitischen Gerichten. Gefüllten Fisch gibt es zu jeder Feierlichkeit als Vorspeise.

Estrellita
mexikanische Küche
ul. Ekaterininskaja 1
Tel. +380 /482/ 37 29 20

Art Café
Ruhige Atmosphäre,
Konzerte mit klassischer Musik oder Jazz
Sportfernsehen,
ul. Gretscheskaja 25
Tel. +380 /48/ 728 78 38

Nur mit dem Wein ist das so eine Sache: Obwohl Odessa seit einigen Jahren anerkanntes Weinanbaugebiet ist, fällt die Qualität der Verarbeitung sehr unterschiedlich aus. Unter ein und demselben Etikett kann sich die Qualität des Weins in dem ganzen Spektrum von sehr gut bis sehr schlecht bewegen. Zum einen wird die veraltete technische Ausstattung dafür verantwortlich gemacht, zum anderen wird gemunkelt, die Mitarbeiter der Keltereien brächten ihre schwarz produzierten Weine auf den Markt, um durch deren Verkauf ihren Lohn aufzubessern. Und die haben dann wieder eine andere Qualität. Man darf also nicht zuviel vom Wein erwarten oder sollte gleich die besseren und teureren Sorten aus Georgien oder Moldau trinken. Diese Weine gibt es in den Läden von 30 UAH an (etwa 4,50 Euro) aufwärts. Im Restaurant entsprechend teurer, ab ca. 70 UAH (10 Euro) und mehr für eine Flasche guten moldauischen Wein.

Kumanetz
heißt übersetzt: Weingefäß; das Lokal hat ein gutes Preis-Leitungs-verhältnis und bietet freundlichen Service
ul. Gawannaja 7
Tel/Fax +380 /482 / 37 69 46

Ukrainische Küche

Unter den ukrainischen Restaurants in Odessa sind „Kumanetz", „Chutorok"

Kumanetz: Servicepersonal in nationaler ukrainischer Tracht

Restaurant Chutorok

und „Lasunka" die populärsten. Sie sind nach alter ukrainischer Tradition mit Tongefäßen, bunten Decken, bestickten Servietten und vielem mehr ausgestattet. Es gibt dort vorrangig erstklassige ukrainische Küche und westeuropäische Gerichte. Zur nationalen ukrainischen Küche gehören die bekannte ukrainische Rote-Bete Suppe „Borschtsch", ukrainische „Wareniki", die mit Kartoffeln, Pilzen oder Kraut gefüllten Teigtaschen, serviert mit gebratenen Zwiebeln und/oder einer Art Schmand, oder als süße Wareniki, gefüllt mit Kirschen.

Noch eine Bemerkung zum Wein, die man sich in Odessa erzählt: Da es in Odessa, der in der Steppe entstandenen Stadt, immer wenig Wasser gab, trank man gegen den Durst Wein (nur manchmal gemischt mit Wasser). Er wuchs und wächst bis heute in vielen Innenhöfen bis in die Fenster der Häuser hinein. In den meisten der zahlrei-

Alye Parusa heißt wörtlich übersetzt „Rote Segel"

Im Alye Parusa, einem der ältesten Cafés der Stadt, wird die Geschichte von Odessa lebendig. Zu seiner Eröffnung kam eigens der berühmte russische Liedermacher Bulat Okudschawa angereist. Das Restaurant bietet europäische und ukrainische Küche; geöffnet von 12.00 bis 24.00 Uhr.

ul. Ekaterininskaja 14
Tel. +380 / 482 / 25 34 38, 25 07 58

Greenwich
nobles Restaurant, sehr teuer und sehr gut! Zu empfehlen: die Fischsuppe und der georgische Wein Zinandali, ul. Bunina 21, Ecke Richeljewskaja Tel. +380 /482/ 34 74 01

chen Restaurants, Cafés und Gaststätten in Odessa, in denen die Küchen der Welt vertreten sind, gibt es, im Gegensatz zu den festen Bewirtungszeiten in Deutschland, keine zeitlichen Beschränkungen. Man bekommt nahezu immer und überall etwas zu essen, in manchen Restaurants sogar die ganze Nacht hindurch.

Mario's
zwei gute italienische Restaurants in der ul. Sadowaja 15 und der ul. Ekaterininskaja, Speisen werden auf telefonische Bestellung auch in Haus geliefert, Tel. +380 /48/ 777 00 00

„Chutorok" liegt direkt am Meer, am Strand Lanscheron. Erreichbar ist es vom Zentrum aus in zwanzig Minuten zu Fuß oder in fünf Minuten mit dem Auto. Das Restaurant ist groß (2 Säle) und hat stolze Preise. Ausstattung und Lage müssen hier zweifellos mitbezahlt werden. Dafür gibt es dort aber auch einzigartig leckere „Wareniki" und einen Wodka aus eigener Produktion. Und natürlich eine große Auswahl vorzüglich zubereiteter ukrainischer Speisen.

Chutorok
ukrainische Küche, Schewtschenkopark / Strand Lanscheron, große Terrasse Tel. +380 /48/ 735 38 73

Das Lokal **„Kumanez"** (übersetzt „Tongefäß", wie es für Milch oder andere Getränke benutzt wird) liegt im Stadtkern an der Ecke der ul. Lanscheronowskaja und ul. Gawannaja ein paar Meter von der ul. Deribasowskaja entfernt. Sehenswert ist der bemalte Ofen.

Woronzow
Café, Restaurant, am Rande des Stadtgartens in der ul. Deribasowskaja 24, geöffnet von 8 bis 23 Uhr, am Mittwoch, Donnerstag, Freitag und Samstag bis 3 Uhr nachts. Tel. +380 /482/ 26 34 94, www.odessapassage.com, E-mail: passage@farlep.net

Das Restaurant **„Ukrainska Lasunka"** liegt an der Ecke der ul. Deribasowskaja und ul. Ekaterininskaja. Der Name des Restaurants bedeutet aus

Empfang im „Lasunka“

dem Ukrainischen übersetzt „Leckermäulchen“. Der einstige Laden war wegen seiner Süßspeisen berühmt. Das „Lasunka“ bietet vielfältige Mittags- und Abendmenüs an.

Er sitzt auf seiner Kanonenkugel mitten im Grünen. Das hätten wir am allerwenigsten erwartet: ein Refugium im Norden von Odessa, außerhalb der Stadt. Drum herum ein See mit Booten auf dem Wasser. Das gepflegte Restaurant mit großem Garten wirkt wie eine Burg. Nicht dass es im Zentrum nicht genug gute

Restaurant Münchhausen

Restaurantzeile

Restaurants gäbe. Aber ein Ausflug zum "Baron Münchhausen" lohnt sich allemal, wenn man von der Hektik des Stadttreibens ausruhen möchte. Sehr gute gemischte Küche mit fernöstlichen Spezialitäten. Anfahrt mit Auto oder Marschroutentaxis von Odessa aus Richtung Norden, Posjolok Kotowskogo, Juschnij. Die Abfahrt von der Straße nach rechts zum Restaurant ist beschildert. Marschroutentaxis Nr. 190 halten an der Hauptstraße. Das letzte Stück ist zu Fuß zu gehen. Einrichtung aus Holz, Beim Grillen kann man zuschauen.

Usbekische Restaurants

„Schalimar"

(übersetzt „Gärten der Liebe")
liegt in der ul. Gretscheskaja neben dem russischen Theater,
ab 21.00 Uhr Bauchtanz,
Tel. +380 /48/ 777 47 47

„Ansidan"

in der ul. Genueskaja, Sommerterrasse, nicht weit vom Strand Arkadija
Tel. +380 /482/ 60 57 71

Mozart (Hotel)

Internationale Küche, gegenüber der Oper;
ul. Lanscheronowskaja 13
Tel. +380 /482/ 37 93 94
und 37 69 00 und 37 89 00

Hotel / Restaurant Mozart gegenüber der Oper

Unterhaltung

Wer Unterhaltung, Ablenkung und Zerstreuung sucht, findet sie im Sommer sowohl in der ul. Deribasowskaja als auch am Strand Arkadija. Das Leben pulsiert. Viele Lokale, Clubs, Bars oder Casinos im Zentrum und in den Erholungszonen locken die Nachtschwärmer an. Zahlreiche Clubs bieten Shows, Rock- und Popmusik Viele spielen live Musik. Die Auswahl an hochprozentigen Getränken ist groß, die Küche europäisch orientiert.

Split
Casino und Nachtclub, Angebot aller traditionellen Glücksspiele
ul. Ekaterininskaja 24
65045 Odessa

Tel. +380 / 48 / 777 39 28
+380 / 482 / 37 61 20

Ibiza
Nachtclub am Strand Arkadija, nur im Sommer von Mai bis September in Betrieb, Showprogramm, Jazz- und Popkonzerte,
Tel. +380 / 48 / 777 02 05,
E-mail: itaka1@ukr.net

Palladium / Nachtclub
Italienischer Boulevard 4
Tel. +380 /48/ 728 65 66,
E-Mail: palladium@ukr.net

Itaka

Amsterdam
Theater-Variete, Nachtclub, Restaurant; Donnerstag bis Samstag, neben europäischer noch irländische Küche,
Devolanowskij Spusk 11,
Tel. +380 /48/ 741 11 16,
+380 /482/ 22 42 60,
www.passage.farlep.net,
E-mail: passage@farlep.net

Itaka
im Sommer von Mai bis September Diskothek, Unterhaltungskonzerte und Showprogramm mit russischen und anderen ausländischen Künstlern, am Strand Arkadija, Bar, europäische und ukrainische Küche.
Tel. +380 /482/ 34 91 88

Übernachten

Hotels, Datschas, Ferienwohnungen

Unterkunftsmöglichkeiten gibt es in Odessa in ausreichender Zahl. Die Stadt weiß schon aus Sowjetzeiten viele Touristen aufzunehmen. Preise, Ausstattung und Niveau der Angebote unterscheiden sich jedoch stark voneinander. Mit dem Begriff Datscha, dem beliebten Wochenend- oder Ferienhaus, bezeichnen manche ein komfortables Haus, andere wieder eine einfache Gartenhütte.

Auch bei den Hotels ist das Spektrum groß. Und die Preise sind vergleichsweise hoch für das, was an Leistung geboten wird. Dennoch gibt es eine Reihe von Hotels in Odessa, in denen das Preis-Leistungs-Verhältnis einigermaßen stimmt.

Arkadija Plaza Hotel ****
In Strandnähe, exklusives Hotel
Adresse: ul. Posmitnogo 1
65009 Odessa
Tel. +380 /482/ 34 18 00 und 34 17 70,
Fax +38 (0482) 68 80 08
E-Mail: arcadia-plaza@com.od.ua
www.arcadia-plaza.com
Zimmerpreise: 86 – 322 Euro

Hotel Odessa *****
Direkt am Hafen, 16 Stockwerke mit Blick auf die Stadt
Adresse: ul. Primorskaja 6
65026 Odessa
Tel. +380 /48/ 729 46 14
Fax +380 /48/ 729 46 33
E-Mail: irina.pshenna@kempinski-odessa.com.ua
Zimmerpreise /gestaffelt:
EZ 125 – 150 – 200 – 300 – 965 (Suite)
DZ 150 – 170 – 230 – 300 – 965 (Suite)

Wo es was gibt, können Sie unter anderem im Internet erfahren (siehe Anhang) oder bei den zahlreichen Immobilienmaklern in Odessa. Die Telefonnummern dazu gibt es in den einschlägigen Zeitungen an jedem Kiosk. Gerne helfen Ihnen die Reiseleiter in Odessa ein passendes Quartier zu finden. Auch das Bayerische Haus in Odessa verfügt über Adressen von

Gute Mittelklasse-Hotels und Frühstückspensionen sind so gut wie nicht vorhanden. Dafür ist der Markt an Wohnungen, die für geschäftliche, private oder touristische Zwecke angemietet werden können, vergleichsweise groß. Für die Sommermonate und die Hauptreisezeiten Juni bis August sollte man sein Quartier frühzeitig reservieren.

Zentralhotel („Hotel Zentralnaja“)
Älteres Hotel im Zentrum, Zimmer mit TV, Telefon
ul. Preobraschenskaja 40, 65045 Odessa
Tel. +380 /48/ 726 84 06, 726 86 07 und 726 86 87
Fax +380 /48/ 726 85 18
E-Mail: arktur@paco.net
Zimmerpreise: 16 – 30 Euro

Hotel Frapolli * * * *
Im Zentrum von Odessa, direkt in der Fußgängerzone der ul. Deribasowskaja
Doppelzimmer, davon 4 VIP, Businesszentrum, Fitnessraum, Bar, Sauna
Adresse:
ul. Deribasowskaja 13
65026 Odessa
Tel. +380 /482/ 35 68 00, 35 68 01 und 35 68 02
Fax +380 /482/ 35 68 00
E-Mail: frapolli@te.net.ua
Zimmerpreise: 55 – 155 Euro

Wohnungen für Gäste. Dort spricht man Deutsch. An anderen Stellen kommt man mit Englisch gut durch.

Wir haben Ihnen zur ersten Orientierung eine Auswahl von Hotels zusammengestellt. Allerdings gilt hier: Auch innerhalb sehr gleicher Sternekategorie können die Standards und der Service sehr unterschiedlich ausfallen. Einige Hotels befinden sich in einer Phase der Teil- oder Gesamtrenovierung. Die kann sogar im selben Hotel zu sehr unterschiedlichen Preisen und Zimmerqualitäten führen.

Hotel Passage * *
Zentrale Lage, historisches Hotel mit dem Charme vergangener Zeiten, entspricht noch nicht europäischem Standard.
Adresse:
ul. Preobraschenskaja 34,
65045 Odessa
Tel. +380 /482/ 22 48 49,
Fax +380 /48/ 728 55 02
Zimmerpreise 23 – 43 Euro

Sowohl die Hotels im Zentrum als auch die großen neuen Hotelkomplexe in Strandnähe bieten meist die üblichen Standards für die Gäste an. Im Einzelnen haben wir die Leistungen in unserer Übersicht aufgeführt.

Hotel Palace del Mar * * * *
In Strandnähe, sehr schöne Terrasse mit Blick aufs Meer, schöne Anlage, allerdings meist leer, Restaurantpreise westliches Niveau
Adresse: Chrystalnij Pereulok (Kristallgasse) ,
65062 Odessa
Tel. +380 /482/ 30 19 01
Fax +380 /482/ 30 19 33
E-Mail: office@palace-del-mar.od.ua
www.palace-del-mar.od.ua
Zimmerpreise: 132 – 600 Euro

Für einen kürzeren oder längeren Aufenthalt in einer Stadt mit Strandleben wie Odessa empfiehlt es sich, ein Appartement oder eine Wohnung zu mieten. Die liegen entweder im Zentrum oder in Strandnähe, sind sauber, je nach Kategorie gut eingerichtet, mit funktionierender moderner Einbauküche oder einfachem Herd und Spüle. Für jeden Geschmack gibt es etwas. Buchen können Sie die meisten Hotels direkt per Anruf und Faxbestätigung. In den

Hotel Londonskaja ****
Ältestes Hotel der Stadt, direkt am Primorskij Boulevard zwischen Rathaus und Potjomkin'scher Treppe. Es ist eines der schönsten in Odessa. Gebaut wurde es in der zweiten Hälfte des 19. Jahrhunderts. Damals stieg neben vielen anderen hier der berühmte russische Schriftsteller Anton Tschechow ab. Im Foyer Büro der Autovermietung Europcar.
Adresse:
Primorskij Boulevard 11, 65026 Odessa
Tel. +380 / 48/ 738 01 03, 738 01 12
Fax +380/482/ 21 04 31 und +380 / 48 / 738 01 11
E-Mail:
londred@londred.com, hotel@londred.com
Zimmerpreise: 90 - 500 Euro

großen Hotels spricht man meistens auch Englisch, manchmal sogar Deutsch. Manche Hotels haben allerdings bei einer individuellen

Hotel Morskaja ****
Nah am Strand Arkadija, sehr gepflegt, Schwimmbad, Sauna, Fitnessraum
Adresse: Pereulok Chrustalnij (Kristallgasse) 1/1, 65062 Odessa
Zimmerpreise inkl. Frühstück und Benutzung der Hoteleinrichtungen:
EZ 55 - 180 , DZ 65 - 200
Tel. +380 / 482 / 35 73 57,
Fax +380 / 482 / 33 90 91
E-Mail: hotel@morskoy.com,
Internet: www.morskoy.com

Hotel Mozart ****
Im Zentrum, gegenüber der Oper
Adresse:
ul. Lanscheronowskaja 13 65026 Odessa
Tel. +380 / 482 / 37 93 94 und 37 69 00 und 37 89 00
Fax +380 / 482 / 37 98 94
E-Mail:
themozarthotel@paco.net victoriya@paco.net
Zimmerpreise: 90 - 283 Euro

Direktbuchung höhere Preise, als wenn man mit einer Gruppe anreist und/oder örtliche Reiseveranstalter oder Bekannte einschaltet.

Appartements

Für ca. 30 bis 70 Euro pro Tag kann man in Odessa Appartements oder Wohnungen mieten. Der Markt für Ferienwohnungen ist sehr gut erschlossen. Am besten wendet man sich an eine der zahlreichen Vermittlungsagenturen in der Stadt. Auch am Bahnhof gibt es ein Büro für die

Hotel Otrada ****
In der Erholungszone von Odessa
Adresse: ul. Ujutnaja 11, 65012 Odessa
Ausführlicher Internetauftritt
Tel. +380 /482/ 33 06 98
E-Mail:
contact@hotel-otrada.com, www.hotel-otrada.com
Zimmerpreise: EZ 120 - 140 , DZ: 110 - 165 , : 190 - 450

Hotel Palladium * * * *
Links vor dem Bahnhof, verhältnismäßig zentral, TV, sehr schöne Sauna (270 UAH pro Stunde für die ganze Sauna, ca. 10-20 Personen gleichzeitig möglich), Restaurant, Nachtclub
Adresse: Italienischer Boulevard 4, 65012 Odessa
Tel. +380 /48/ 728 66 51, 728 77 30
Fax +380 /48/ 728 77 99
E-Mail: admin@hotel-palladium.com.ua
Zimmerpreise 55 – 160 Euro

Wohnungsvermietung oder im Internet findet man Adressen von Vermietern und Vermittlungsbüros. (siehe Seite Odessa im Internet)

Sommerhäuser/ Datschas

Ein ganzes Haus unterschiedlicher Qualität kann man für ca. 600 – 1200 Euro pro Monat mieten. Je nachdem ob es eine bessere Gartenhütte ist oder ein komfortables Wohnhaus für bis zu zwei oder drei Familien. Unbedingt über Makler zu erfragen (siehe auch Odessa im Internet).

Hotel Krasnaja (Rotes Hotel) * * *
Sehr zentral, gegenüber der Philharmonie; schöne Fassade. Das Hotel wurde Ende des 19. Jahrhunderts von Alexander Bernardazzi entworfen und gehört zu den architektonischen Denkmälern der Stadt. Es war auch zu Sowjetzeiten eines der besten Stadthotels. Gegenwärtig wird es renoviert.
Adresse: ul. Puschkinskaja 15

Hotel Schwarzes Meer * * *
Zentrale Lage in der ul. Rischeljewskaja 49 65011 Odessa
Zimmerpreise 33–130 Euro, Trainingsraum mit etwas älteren Geräten vorhanden, Schwimmbad ca. 16 x 8 Meter, Kosten für ein Monatsabonnement inkl. Fitnessraum, Schwimmbad und Sauna 400 UAH (ca. 58 Euro), freundliches Personal
Tel. +380 /482/ 30 09 04, Fax +380 /482/ 30 09 59

Hotel Junost * *
Nähe Arkadija-Strand, Adresse: ul. Pionerskaja 32, 20 – 66 Euro
Tel. +380 /48/ 738 04 04 , Fax +380 /48/ 738 04 07

Die meisten besseren Hotels verfügen über eine Sauna. Meistens wird die Sauna stundenweise angemietet. Der tatsächliche Personenpreis richtet sich nach der Größe der Gruppe und kann zwischen vier bis zehn Euro liegen. In manchen Hotels wird die Sauna öffentlich, geführt, selten aber gemischt.

Eigene Welt in der Steppe

Die Ferienanlage von Alexander Krupin

Man muss schon etwas vom Wege abweichen, um das gepflegte und komfortable Feriendorf von Alexander Krupin zu finden. Am Kilometer Nummer 16 auf der autobahnmäßig ausgebauten Straße von Odessa nach Norden, weist nach dem Café Mrija ein Schild mit der Aufschrift „Camping“ nach rechts in eine kleine Straße. Nach etwa fünfhundert Metern beginnt die clubartige Ferienanlage.

Wie eine eigene kleine Welt befinden sich auf rund sechzehn Hektar mitten in der steppenartigen Landschaft. verstreut zwischen Obstbäumen ein Hotel mit zwölf Zweibettzimmern sowie mehrere Ferienhäuser unterschiedlicher Größe. Es gibt eine Sauna und die Möglichkeit zum Billardspiel. Vier Außenschwimmbecken von zweiundzwanzig Metern und einer Tiefe von zweieinhalb Metern bieten mit ihrem glasklaren Wasser im Sommer höchsten Badekomfort. Die Appartements der Ferienhäuser sind praktisch, modern und komfortabel eingerichtet. Alle haben gepflegte Bäder, einen Kühlschrank und sind mit Klimaanlage, Telefon und Fernsehen ausgestattet.

Ferienhaus

Preise und Leistungen:

220 – 400 UAH = ca. 35 – 63€ pro Nacht und Zimmer
400 – 550 UAH = 63 – 86€ pro Nacht im Appartement oder Ferienhaus, Sauna auch für Gäste von außerhalb zu mieten, Restaurant, Bar, Café, großes Schwimmbecken
Tel. +380 /482/ 21 07 50, Mobil: +380 /67/ 772 25 99
+380 /67/ 730 82 63

Tschabanka

Privates Rekreations- und Erholungszentrum

In malerischer Landschaft nördlich von Odessa bietet die Anlage „Tschabanka" viele Möglichkeiten für die persönliche Rundumerneuerung mit Heilwasser. Drei Mal pro Tag erfolgt ein kostenloser Transfer zum Stadtzentrum.

Den Gästen stehen in mehreren Ferienhäusern komfortable Standarddoppelzimmer oder Luxuszimmer zur Verfügung. Es gibt ein Schwimmbad, einen Fitnessraum, Sport- und Tennisplätze, Minigolf, Billard, eine Pferderennbahn, Disco, Parkplätze und einen eigenen Badestrand in der Nähe. Konferenzservice mit moderner Präsentationstechnik rundet das Angebot ab.

Preise und Leistungen:

210 – 290 UAH = ca. 33 – 45€ pro Person inkl. drei Mahlzeiten und einer ärztlicher Erstberatung

ul. Gwardejskaja 59, 67570 Odessa

Tel. +380 /48 / 750 99 90, Fax +380 / 48 / 750 99 84

E-Mail: hotel@chabanka.tst.od.ua; www.chabanka.com.ua

РАСПРОДАЖА

Das Geschäft blüht

Tipps für Geschäftsleute

Hat Ihnen die Lektüre dieses Buches Lust auf mehr als nur auf eine touristische Reise gemacht? Vielleicht sind Sie von der Lage Odessas und von seinem Hafen begeistert. Vielleicht mögen Sie auch einfach nur das Wasser oder Ihnen gefällt der besondere Humor der Odessiten. Wie wäre es dann mit einem eigenen Unternehmen in dieser Stadt? Kommen Sie doch mit Ihren Geschäftsideen nach Odessa und helfen Sie mit, die ein wenig stumpf gewordene und viel beschworene Perle des Schwarzen Meeres im 21. Jahrhundert wieder aufzupolieren. Odessa ist die viertgrößte Industriestadt der Ukraine. Während der Sowjetzeit waren in Odessa rund zweihundert Industriebetriebe im Maschinenbau, der Metallverarbeitung, der Leichtindustrie und der Nahrungsmittelindustrie ansässig. In Odessa wurden Werkzeugmaschinen hergestellt, darunter schon moderne Maschinen mit Digitalsteuerung, mächtige Kräne, hydraulische Pressen, Pflüge und Anhänger für Kraftfahrzeuge. Nach dem Zerfall der Sowjetunion erlebten fast alle Betriebe eine große Krise. Der Grund dafür war, dass die Lieferung von Rohstoffen und Ersatzteilen aus der ehemaligen Sowjetunion aufgehört hatte. Etwa siebzig der zweihundert Betriebe stellten ihre Produktion ein. Heute verbessert sich die Lage zusehends. Trotzdem sind noch größere Investitionen nötig, um wieder neuen Schwung hineinzubringen.

Mehr als vierhundertsechzig Gemeinschaftsunternehmen mit ausländischen Partnern haben ihre Investitionen bereits mit Erfolg in Odessa getätigt. Die Höhe der gesamten ausländischen Investitionen in der Region Odessa lag nach Angaben der Gebietsverwaltung von Odessa im Jahr 2003 bei rund 88,9 Millionen US-Dollar, im Jahr 2004 bei 115 Millionen US-Dollar und insgesamt seit dem Jahr 1989 bis zum Januar 2005 bei 507,3 Millionen US-Dollar. Neben den Handelsbeziehungen und der Produktion von Gütern ist vor allem der Tourismussektor noch weiter ausbaufähig. Und auch im Kulturbereich hat Odessa für potentielle Investoren einiges zu bieten. Die Oper mit ihren vielen guten Musikern, die aus dem Konservatorium und der Stoljarski-Musikschule hervorgehen, und die zahlreichen Museen mit ihren hochkarätigen Veranstaltungen wären durchaus ein lohnendes Feld. Es heißt zwar, dass Odessa unter den ukrainischen Wirtschaftsclans schon weitgehend aufgeteilt sei. Clevere Geister können aber immer noch Marktnischen entdecken und ihre

Dienste oder Waren anbieten. Die neue Regierung wird Ihre Interessen sicher in besonderem Maße fördern. Die nachstehenden Tipps werden Ihnen helfen, Ihre Interessen in Richtung Odessa zu lenken. Warum sollten Sie dort nicht einen eigenen Betrieb gründen, eine Investition tätigen, ein Büro oder eine Repräsentanz aufmachen?

TIPP 1
Der spirituelle Boden für Ihre Pläne

Ob Sie Atheist sind oder welcher Religionsgemeinschaft auch immer angehören – machen Sie es so, wie es Sitte ist in den slawischen Ländern: Wenn Sie eine Geschäftsidee entwickelt haben, wissen oder ahnen, wer Ihre Partner sein könnten, fahren Sie nach Odessa, gehen Sie in eine der vielen Kirchen und bitten Sie einen Popen, den lieben Gott oder Ihr höheres Selbst, Ihre Idee oder Ihre Pläne abzusegnen. Sie werden mit Sicherheit bei Ihren neuen Partnern Pluspunkte sammeln, wenn Sie auf diese Weise Ihr Geschäft in Odessa beginnen.

TIPP 2
Teilnahme an Messen in Odessa

Mehrmals im Jahr finden auf dem Hafengelände von Odessa Messen statt. Eine der wichtigsten Messen für potentielle Investoren ist das jährlich Anfang Juni durchgeführte „Forum". Die Messen finden jedes Jahr fast zur gleichen Zeit statt. Zur besseren Übersicht haben wir Ihnen die Messetermine für das Jahr 2005 aufgelistet. Einzelheiten zu den Ausstellungsbedingungen oder zur Teilnahme als Gast erfragen Sie bitte direkt bei den unten angegebenen Kontaktadressen.

Februar:

„Messe für Wein und Traubenverwertung", parallel dazu Messe für hochprozentige Getränke (verantwortlich: Ministerium für Wirtschaft und Europäische Integration der Ukraine, Ministerium für Landwirtschaftspolitik, Gebietsverwaltung von Odessa).

April:

„Messe für Kommunikation" (verantwortlich: Transportministerium der Ukraine, Staatliches Komitee für Kommunikation und Information der Ukraine, Staatliches Komitee für Informationspolitik, Fernsehen und Radio der Ukraine, Abteilung für spezielle Telekommunikationssysteme und Datenschutz des Büros für Sicherheit der Ukraine, Nationale Weltraumagentur der Ukraine, Gebietsverwaltung Odessa)

April:
„Internationale Vereinigung der Tourismusindustrie" — Reisen und Hotels (verantwortlich: Staatliche Verwaltung für Tourismus der Ukraine, Gebietsverwaltung Odessa)

Parallel dazu: Gesamtukrainischer Wettbewerb „Mein Restaurant" — Küchenmeister (verantwortlich: Ministerium für Wirtschaft und Europäische Integration der Ukraine, Gebietsverwaltung Odessa)

Mai:
Sondermesse „Schönheitstechniken im 21. Jahrhundert" (verantwortlich: Ministerium für Wirtschaft und Europäische Integration der Ukraine, Gebietsverwaltung Odessa, Generalabteilung für ausländische Wirtschaftsaktivitäten, Europäische Integration und Tourismus der Odessa-Region)

Juni:
„Internationales Forum für Investitionen und Innovationen" (verantwortlich Ministerium für Wirtschaft und Europäische Integration der Ukraine, Gebietsverwaltung Odessa, Vereinigung Europäischer Regionen, Außenministerium der Ukraine)

August:
Internationale Buchmesse „Grüne Welle" (verantwortlich: Gebietsverwaltung Odessa, Generalabteilung für ausländische Wirtschaftsaktivitäten, Europäische Integration und Tourismus der Odessa-Region, Abteilung für Presse und Information der Gebietsverwaltung Odessa)

Oktober:
Internationale Spezialmesse „Garantie und Sicherheit" (verantwortlich: Innenministerium der Ukraine, Staatliche Abteilung für Kommunikation und Information der Ukraine, Generalabteilung für Staatssicherheitsdienst des Innenministeriums der Ukraine, Gebietsverwaltung Odessa, Abteilung für spezielle Telekommunikationssysteme und Datenschutz des Büros für Sicherheit der Ukraine

Gebietsverwaltung von Odessa
Boulevard Schewtschenko 4,
65032 Odessa, Ukraine
Tel./Fax +380 /482/ 28 02 76
+ 380 /482/ 28 03 96
+380 /48/ 718 92 76
+380 /48/ 724 23 36
E-Mail:
Forum@Odessa.gov.ua,
www.ved.Odessa.gov.ua

Expo South Service
Tel./Fax +380 /48/ 777 60 68,
728 60 68,
E-mail: info@expodessa.od.ua
www.expodessa.od.ua

TIPP 3
Der Hafen

Der Hafen ist zweifellos Odessas wirtschaftliches Kernstück für alles, was den Transport auf dem Seeweg und den Warentransit durch die südliche Ukraine angeht. Insbesondere deutsche Fachleute arbeiten bei der Hafengesellschaft Odessas mit daran, den Containerterminal zu modernisieren, die Angebotspalette zu erweitern sowie die Qualität der Serviceleistungen zu verbessern. Es wurde dafür ein deutsch-ukrainisches Gemeinschaftsunternehmen gegründet. Seitdem wurde der Umschlag von 70.000 Containern im Jahr 2002 auf 140.000 im Jahr 2003 verdoppelt. Seither wurde der Containerumschlag regelmäßig vergrößert und betrug in 2004 zweihunderttausend Container. Die Perspektiven sind sehr gut. Für das Jahr 2005 wird ein weiterer Anstieg des Containerumschlags im Odessaer Hafen auf etwa zweihundertvierzigtausend Container erwartet. Dieses Volumen wird sicher der ukrainischen Volkswirtschaft und damit hoffentlich auch den Verbrauchern in Form niedriger Preise zu Gute kommen (siehe auch Kapitel „Odessa und das Schwarze Meer: Der Hafen").

Odessa Hafen
Tamoschenaja Pl. 1
65026 Odessa / Ukraine
Tel. +380 / 48 / 729 35 00
Fax + 380 / 48 / 729 36 27
E-Mail: gdp@port.odessa.ua,
Internet: www.port.odessa.ua

TIPP 4
Investitionsmöglichkeiten in der Tourismusbranche

Greifen Sie zu: Laut Angaben der Gebietsadministration von Odessa besuchten die Stadt im Jahr 2004 rund achthunderttausend Touristen, darunter etwa vierhundertfünfzigtausend aus dem Ausland. Damit kommt die Stadt noch lange nicht an ihre Kapazitätsgrenzen. Die Schwarzmeerküste der Ukraine galt (neben der Halbinsel Krim) schon immer als Urlaubsparadies, in das zu Sowjetzeiten viele Touristen aus sozialistischen Ländern strömten. Mit dem Zusammenbruch der Sowjetunion brachen diese Touristenströme abrupt ab. Erst 1995 kam es zu einem Aufschwung. Kreuzfahrtschiffe begannen damit, wieder erste Touristen nach Odessa zu bringen. Der größte Teil der Touristen kommt heute aus Russland, Deutschland, Italien, Moldau, Weißrussland, Polen und der Türkei. Siebzehn Prozent davon sind

Reisende mit Geschäftsinteressen. Seit rund vier Jahren legen auch richtig große Kreuzfahrtschiffe im Hafen von Odessa an. Alles in allem liegt die Tourismusauslastung der Stadt noch weit unter der vor 20 Jahren. Nutzen Sie Ihre Chance — investieren Sie in der Tourismusbranche und bieten Sie in Ihren Katalogen zum Beispiel Städtereisen nach Odessa an!

TIPP 5
„Siebter Kilometer"

Der „Siebte Kilometer" ist keine Standortbezeichnung für Autofahrer, auch keine Messe, sondern der größte Großhandelsmarkt in der Ukraine. Auf einer Fläche von rund 1,5 km² werden unter freiem Himmel nahezu alle Waren angeboten, die man für das tägliche Leben braucht. Viele davon kommen aus der Türkei. Weil sie dort von ukrainischen Händlern meist in großen Mengen bestellt werden und keine Firmennamen tragen, können sie in der Regel sehr preiswert verkauft werden. So manches Geschäft in der Stadt bedient sich dieser Waren, um sie später mit Gewinn weiterzuverkaufen. Der „Siebte Kilometer" ist für all die ein lohnendes Ziel, die Zeit und Interesse an Schnäppchen haben. In den letzten drei Jahren hat sich der Markt wesentlich entwickelt und zivilisiert. Es entstanden ganze Verkaufszeilen, in denen qualitativ hochwertige und verhältnismäßig teure Waren angeboten werden. Vom Bahnhof und von mehreren Stellen der Stadt aus fahren Marschroutentaxis dorthin. Ein normales Taxi zu dem außerhalb gelegenen Markt kostet ca. 20—30 UAH (etwa 4—5 Euro) Die Wartezeit wird mit 24 UAH (etwa 3,50) pro Stunde berechnet.

TIPP 6
UBMT- Wirtschaftsclub

Der Wirtschaftsclub im Ukrainisch-Bayerischen-Management-Trainingszentrum (UBMT) lädt in unregelmäßigen Abständen und aus jeweils aktuellem Anlass zum Gedankenaustausch zu verschiedenen Wirtschaftsthemen ein.

UBMT Wirtschaftsclub

ul. Uspenskaja 60
65045 Odessa
Tel. +380 /48/ 715 01 20
Fax +380 /482/ 34 52 76
E-Mail:
admin@mba.odessa.ua

Adresse des Odessaer Zollamts:

ul. Gajdara 21 a,
65078 Odessa,
Tel. +380 / 482 / 64 94 33

Telefonieren

Beachten Sie bitte beim Telefonieren nach Odessa die unterschiedlichen Ortsvorwahlnummern (0482 und 048). Es handelt sich hier nicht um einen Druckfehler. Der Unterschied rührt von den unterschiedlichen Netzen verschiedener Betreiber her.

Günstig telefonieren von Deutschland aus:

ins ukrainische Festnetz für ca. 7 Cent und ins ukrainische Mobilfunknetz für ca. 10 Cent über die Vorwahlnummer 01071 + ukrainischer Ländervorwahl 00380 + Stadtvorwahl + Nummer des Anschlusses

Industrie- und Handelskammer Region Odessa

65011 Odessa,
ul. Basarnaja 47
Tel. +380 /48/ 728 66 10,
777 20 96
+380 /482/ 22 22 49,
49 63 07
Fax +380 /482/ 22 48 22
E-Mail:
orcci@ricci.odessa.ua
Internet:
www.orcci.odessa.ua

Abteilung für Europäische Integration und Tourismus

in der Odessaer Gebietsverwaltung
65032 Odessa,
Pros. Schewtschenko 4
Tel. +380 /48/ 718 92 76,
724 23 36
Fax +380 /482/ 35 63 93
E-Mail:
forum@odessa.gov.ua

Markt: „Siebter Kilometer"

ВОКЗАЛ

Wie man hinkommt

Anreisemöglichkeiten und Einreisebestimmungen

Je nach Abreiseort ist die Ukraine von Deutschland aus nach rund zweitausend bis zweitausendfünfhundert Kilometern in vier Stunden oder zwei Tagen zu erreichen. Möglich ist die Anreise mit dem Flugzeug, mit dem Auto, mit großen Reisebussen oder mit der Bahn. Alle Reisemöglichkeiten haben ihre Eigenarten und Reize. Wir haben alle ausprobiert und stellen Sie Ihnen vor:

Mit dem Flugzeug

Aufgrund von Kontingentkäufen haben in Deutschland so gut wie alle Reisebüros die Möglichkeit, günstigere Tickets zu verkaufen als die jeweiligen Fluggesellschaften. Die Preise bewegen sich zwischen ca. 300 und 600 Euro, manchmal auch höher, je nach Anbieter und Zeitpunkt der Buchung.

Reisen von fast allen großen Flughäfen in Deutschland nach Odessa werden derzeit (Stand Juli 2006) von den folgenden **Fluggesellschaften** durchgeführt:

- Austrian Airlines AUA, mit Umsteigen in Wien
- Baltic Air mit Umsteigen in Riga
- Polnische Fluggesellschaft LOT, mit Umsteigen in Warschau
- Tschechische Fluglinie mit Umsteigen in Prag
- Ukrainische Airline Donbass-Aero, München-Odessa direkt
- Ungarische Fluggesellschaft MALEV, mit Umsteigen in Budapest.

Die **Flugdauer** beträgt zwischen zweieinhalb Stunden (Direktflug ab München) bis zu fünf Stunden inkl. innereuropäischen Anschlussflügen.

Wer besonders sparsam fliegen will, kann für die zwei Flugstrecken im Internet zwei unabhängige Tickets buchen. Das geht z. B. mit Air Berlin bis Budapest oder Wien. In diesem Fall kann das zweite Ticket aber erst am Umsteigeflughafen gekauft bzw. dort am Schalter abgeholt werden. Umbuchen ist in diesem Fall nicht möglich oder mit dem Risiko verbunden, dass die Flugzeiten nicht miteinander harmonieren.

Mit dem Bus

Eine wirtschaftliche Alternative zu Bahn oder Flugzeug ist die Reise mit komfortablen Reisebussen. Meist wird mit MAN, Setra oder Neoplan-Bussen gefahren. Je nach Abfahrtsort und Dauer bei der Abwicklung der Grenzformalitäten kann die Fahrt etwa dreißig Stunden oder mehr dauern. Der Preis beträgt abhängig von der Distanz ca. zweihundert Euro für die Hin- und Rückfahrt.

Ankunft mit dem Zug in Odessa

Anbieter Busreisen:

Kraft Reisen GmbH:
Deutschland:
Tel. +49 /721/ 35 44 90
Tel. +49 /40/ 2805 5851
www.kraft-reisen.de
Odessa, Ital. Boulevard 8,
Tel. +380 /482/ 37 33 34

Nikodimus
Odessa, ul. Gogolja 12
Tel. +380 /482/ 23 94 14
Fax +380 /48/ 716 56 01

Dott-Kaufmann & Co
Odessa,
Tel. +380 /482/ 60 44 34,
60 80 49
Deutschland,
Tel. +49 /174/ 308 87 01 - 14

Becker Reisen
Zentrale Tostedt
Bremer Straße 36
21255 Tostedt
Tel. +49 /4182/ 28 11 0
Fax +49 /4182/ 28 11 13
E-Mail:
info@Becker-Reisen.de

Ukraine-Büro in Kiew:
Tel./Fax +380 /44/ 482 01 25
+38 /44/ 482 01 27

Mit dem Zug

Wer Zeit hat, kann gemütlich mit dem Zug nach Odessa rollen. Die Stadt ist je nach Abfahrtsort in rund 35 bis 40 Stunden zu erreichen. Insbesondere für Kinder ist die Fahrt im Schlafwagen nach Odessa sicher ein kleines, unvergessliches Abenteuer.

Zur ersten Übersicht haben wir für Sie die Auskunft bei der Deutschen Bahn eingeholt bei Abfahrt in Berlin.

Straßenbau in Odessa

Die Bahn DB

Ihre Hinfahrtfahrtmöglichkeit

Bahnhof/Haltestelle	Datum		Zeit	Gleis	Produkte	Bemerkungen
Berlin-Lichtenberg	28.08.06	ab	21:48	20	D 345 D 30 D 30KJ	Nacht-Schnellzug Schlaf-/Liegewagenz Reservierungspflicht Teilstrecke nur 2.Kl., Nichtraucherzug Verkehrt als D 345 bis Dorohusk, danach als D 30 bis Jagodin, danach als
Korosten	29.08.06	an	20:46			
Korosten	29.08.06	ab	22:24		D 19MJ	D 30KJ
Odessa	30.08.06	an	10:19			Schnellzug nur 2. Klasse

Dauer: 35:41; fährt nicht täglich, Verkehrstage
Übg.: Frankfurt(Oder)(Gr), Jagodin(Gr)
Hinweis: Längerer Aufenthalt

Ihre Rückfahrtmöglichkeit

Odessa	18.09.06	ab	18:25		D 20SH	Schnellzug nur 2. Kl
Shmerinka	19.09.06	an	00:26			
Shmerinka	19.09.06	ab	01:16		D 51KJ	Schnellzug, Schlafwagenzug, nur 2. Klasse
Przemysl Gl.	19.09.06	an	09:38			
Przemysl		ab	09:48		2032	Zug, nur 2. Klasse
Rzeszow	19.09.06	an	11:20			
Rzeszow	19.09.06	ab	11:57		D 38104 D 38105	Schnellzug Barwagen Verkehrt als D38104
Poznan Gl.	19.09.06	an	21:10			
Poznan Gl	19.09.06	ab	21:52		EN 348	Euronight, Reservierungspflicht
Berlin Ostbahnhof	20.09.06	an	01:08	6		

Dauer: 31:43; fährt nicht täglich, Verkehrstage
Übg.: Medyka(Gr), Frankfurt(Oder)

Einreisebestimmungen

Der neue Präsident der Ukraine, Wiktor Juschtschenko, hat im Jahr 2005 für Bürger der Europäischen Union und der Vereinigten Staaten die Visumpflicht zur Einreise in die Ukraine bei Aufenthalten bis zu neunzig Tagen aufgehoben. Touristen und Geschäftsleute können nun auch spontan nach Odessa reisen. Wer länger als neunzig Tage bleiben will und/oder über eine Organisation oder ein Unternehmen einen langfristigen beruflichen Daueraufenthalt plant, benötigt immer noch ein entsprechendes Visum. In der Regel ist dafür eine Einladung aus der Ukraine erforderlich. Die aktuellen Bedingungen und Preise sind bei der Botschaft und den Konsulaten der Ukraine zu erfragen. Der Reisepass, in den das Visum eingeklebt wird, muss noch mindestens sechs Monate gültig sein. Visaformulare gibt es bei:

Ukrainisches Generalkonsulat
60313 Frankfurt a.M.,
Brönner Straße 15,
Tel. /069/ 29 72 09-0 (täglich außer am Wochenende, von 15.00 – 17.00 Uhr),
Tel. /0190/ 82 95 76
(gebührenpflichtige Nummer, 24 Std. lang)
Fax /069/ 29 72 09 29,
29 20 961
E-Mail info@ukr-gk.de

Botschaft der Ukraine
Albrechtstraße 26
10117 Berlin-Mitte,
Tel. 030-28 88 72 20
Fax 030-28 88 72 19
E-Mail:
ukremb@t-online.de

Für die Bearbeitungzeit eines Visums sollte man zehn Tage kalkulieren. Gegen eine höhere Gebühr sind auch Expressvisa möglich. Einige im Internet vertretene Agenturen bieten, gegen zum Teil hohe Gebühren, als Serviceleistungen die Visabesorgung zusammen mit einem Voucher (Hotelgutschein) an.

Ukrainisches Generalkonsulat
Lessingstr. 14
80336 München
Tel. /089/ 55 27 370
Fax /089/ 55 27 37-55
E-Mail:
gkukraine@aol.com

Außenstelle der Botschaft der Ukraine
Rheinhöhenweg 101
53424 Remagen – Bonn
Tel. 02228 / 9 41 80
Fax 02228 / 94 18 63

Internet
www.Botschaft-Ukraine.de

Mit dem Auto

Gute Reifen sollte man neben einem strapazierfähigen Auto schon haben und auch etwas Mut, die rund anderthalbtägige Reise in Angriff zu nehmen. Der ADAC bietet Routenvorschläge an, die durch die Republik Moldau/Moldawien führen. Der Transit durch Moldau erfordert allerdings noch bis Ende 2006 ein zusätzliches teures Visum. Auch die Grenzabfertigung verläuft nicht immer nach westeuropäischem Standard. Üblicherweise benutzt man die Route über Polen. Man fährt zuerst nach Osten und dann über Uman in den Süden nach Odessa. Auch ist die Strecke zwischen Kiew und Odessa mit einer Autobahn mittlerweile gut ausgebaut.

Miliz und Grenzkontrolle: Wer schneller fährt als die Handmessgeräte der ukrainischen Miliz anzeigen, wird mit einem Stock herausgewunken. In solchen Situationen hilft manchmal das Diskutieren, in anderen Fällen kann man nach Entrichtung einer entsprechenden "Gebühr" weiter fahren. Die Fahrzeugpapiere sollte man auf alle Fälle parat halten. An der Grenze wird mitunter auch die Fahrgestellnummer am Fahrzeug kontrolliert.

Partnerclubs des ADAC in Lwiw (Lemberg):

FAU (Federation Automobile d´ Ukraine)
Postfach 10697
79000 Lwiw
Tel. /322/ 97 06 41
Fax. /322/ 97 06 41
fau@is.lviv.ua

112 UA
Postfach 337
79000 Lwiw
Tel. +380 /322/ 97 01 12
Fax +380 /322/ 65 91 12
112ua@is.lviv.ua

Pannenhilfe leistet nach Angaben des ADAC der Automobilclub 112 UA. Er ist unter der Telefonnummern (322) 978 112 zu erreichen. Im Rahmen der ADAC-PlusMitgliedschaft werden die Kosten zur Pannenbehebung bis zu 103 Euro und die Abschleppkosten bis zu 154 Euro erstattet. Schutzbriefe von Autoversicherern bieten zum Teil umfangreichere Leistungen an. Als Partnerclubs für Pannenhilfe hat der ADAC in der Ukraine Adressen im westlichen Lemberg angegeben. Auf den Hauptverkehrsstraßen vermitteln motorisierte Polizeistreifen Hilfe.

Berlin - Odessa 1935 km
München - Odessa 1991 km
Hannover
Berlin
Poznan
Lodz
Warszawa
Leipzig
Wroclaw
A4/E40
Praha
Kyjiv
E40
P104
E50
Nürnberg
A4/E60
München
E60
16
Chisinau
Graz
Budapest
Ljubljana
Zagreb
Odessa

PRAKTISCHE HINWEISE

Apotheken

Gegen jede Krankheit ist ein Kraut gewachsen. Die zahlreichen Apotheken in Odessa bieten eine breite Palette pharmazeutischer Produkte aus westlichen Ländern, aus der Ukraine und aus Russland, zum Teil zu sehr günstigen Preisen an. Eine der ältesten und größten Apotheken Odessas ist die **Apteka Gaewskogo**. Sie liegt am Anfang der ul. Sadowaja, einen Katzensprung von der ul. Deribasowskaja entfernt, und ist wie viele andere Apotheken auch vierundzwanzig Stunden lang geöffnet. Allein das verfallene Haus und das historische Ambiente im Inneren sind sehenswert, ul. Sadowaja 21,
Tel. +380 /482/ 22 24 08

Autovermietung

Mit Europcar und Hertz sind zwei Autovermietungsfirmen in Odessa vertreten. Es empfiehlt sich den Ortsunkundigen aber, aufgrund der Verhältnisse, ein Auto mit Fahrer zu mieten. Das verursacht weniger Stress. Bei den einheimischen Anbietern werden für Fahrten außerhalb der Stadt 2 UAH pro Kilometer berechnet. Das sind etwa 0,30 Euro. Eine Stunde warten kostet 12 UAH, ca 1,80 Euro.
Tel. +380 /482/ 35 53 55.

Europcar, im Hotel Londonskaja, Primorskij Boulevard 11,
Tel./Fax: +380 /48/ 777 40 11,
E-Mail: ua@europcar.relc.com,
Internet: www.europcar.ua

Hertz im Hotel Odessa, Passagierhafen,
Tel.: +380 /48/ 738 54 21 und 22,
Internet:
www.hertz.com.ua

Banken & Geldwechsel

Die Währung in der Ukraine heißt Griwna. Eine Griwna hat 100 Kopeken.

Die zahlreichen Wechselstuben in den Straßen von Odessa haben bis spät in die Abendstunden hinein geöffnet, um Valuta in einheimische Währung zu tauschen. Kurse 1 = 6,35 UAH, 1 US-$- 5,03 UAH (Stand Juli 2006)

Bezahlen

In den meisten größeren Geschäften und Hotels kann man mit Kreditkarte bezahlen. Es werden die gängigen Karten akzeptiert (Visa, Master Card, American Express u.a.)

Camping

Rund zehn Kilometer von Odessa Richtung Norden liegt der mit Bäumen bewachsene Touristenkomplex „Delphin", mehrere Steinhäuschen mit sanitären Anlagen, Kühlschrank, TV für 2-4 Personen, umgerechnet ca. 8-14 Euro pro Person, je nach Kategorie; Zeltplatz 2 Euro pro Platz inkl. Frühstück. Gute Sportmöglichkeiten, Sauna auf dem Territorium, Adresse:
Nikolaewskaja Doroga 307,
65117 Odessa,
Tel. +380 /482/ 55 22 23,
Tel./Fax: +380 /48/ 758 46 40,
E-Mail:Camping@odessa.net,
www.delfin.odessa.ua

Gegenüber, direkt am Strand, liegt der Campingplatz mit Hotel „Malibu". Auf dem kleinen, ziemlich gepflegten und mit Bäumen bepflanzten Territorium gibt es 27 Häuschen, meist DZ, mit Dusche, Toilette, TV. Preise pro Haus, ab ca. 30 Euro oder 47 Euro (mit Klimaanlage) plus 1,60 Euro für Bettwäsche; Zusatzbett für Kinder möglich; Restaurant, Bar, Disco, Billard;
Tel. Verwaltung:
+380 /66/ 784 10 89,
Tel. Pforte: +380 /48/ 758-57-67.

Delphinarium

Dass Delphine kluge und äußerst emfindsame Tiere sind, läßt sich bei den unterschiedlichen Showprogrammen im Delphinarium am Strand Lanscheron beobachten. Ein Besuch lohnt sich. Eintritt: Kinder 20 UAH (ca. 3 Euro), Erwachsene 30 UAH (ca. 5 Euro).
Tel. +380/48/777 35 35
und 777 36 36

Diplomatische Vertretungen

<u>Bulgarien</u>
ul. Posmitnogo 9, 65062
Odessa, Tel. +380/48/746 65 54
und +380/48/746 65 58,
Fax +380/48/746 65 48

<u>Georgien</u>
ul. Tolstogo 30, 65020
Odessa, Tel. +380 /482/ 26 47 27
und 26 47 29

<u>Griechenland</u>
ul. Preobraschenskaja 32,
65026 Odessa,
Tel +380 /482/ 21 05 70 und
+380 /48/ 21 05 03,
Fax +380 /482/ 21 05 71,
www.grconsodessa@paco.net

Italien
Korrespondenzkonsulat,
ul. Ekaterininskaja 3/3,
65026 Odessa,
Tel. +380 /482/ 37 69 80

Polen
ul. Uspenskaja 2/1, 65014
Odessa, Tel. +380 /48/ 729 39 36
und 729 44 13

Rumänien
ul. Pastera, 21, 65026 Odessa,
Tel. +380 /482/ 23 62 98,
Fax +380 /482/ 22 09 88

Russische Föderation,
Italjanskij Boulevard 7/9,
65012 Odessa,
Tel. +380 /48/715 03 79 und
715 03 78, Fax +38 /482/ 42 88 57

Südafrika
(Honorarkonsulat),
ul. Maraslijewskogo 2/Whg.
8, 65014 Odessa,
Tel. +380/482/24 20 59

Türkei
Primorskij Boulevard 11,
65026 Odessa,
Tel. +380/482/34 72 75
und 34 72 67, +380/48/729
44 25

Einkaufen

Im Zentrum gibt es zahlreiche Geschäfte. Die meisten sind teuer, aber es gibt auch preiswerte Läden. Wer die Fahrt zum „siebten Kilometer", dem größten Markt in der Ukraine, nicht scheut, kann bei einem Bummel manches Schnäppchen finden. Auf dem Großhandelsmarkt kaufen große Teile der Bevölkerung von Odessa und Umgebung ein, sowie auch Großhändler aus anderen Städten der Ukraine. Viele Waren kommen aus der Türkei nach Odessa. Zwei Mal pro Woche gibt es eine direkte Schiffsverbindung dorthin, die von den Händlern genutzt wird.

In den Läden in der Stadt gibt es nahezu alles. Goldgeschäfte bieten eine große Palette von Schmuck an. Auch in Antiquitätengeschäften kann man hochwertigen Goldschmuck finden. Groß ist die Auswahl an Pelzen aus Russland und natürlich aus Italien (aber ungleich teurer). Wer Zeit für drei Anproben in ca. zwei Wochen hat, kann sich in Odessa preiswert Maßkleidung anfertigen lassen. Ein Preisbeispiel: Im Atelier „Weiße Akazie" in der ul. Gretscheskaja wird eine Damenjacke für knapp fünfzig Euro Arbeitslohn genäht.

Auf dem Künstlermarkt gibt es Mineralien, Kunstgewerbe, Bilder und Souvenirs. Und die Passage sollte man unbedingt gesehen haben.

Lebensmittel und Gebrauchsgüter kauft man am besten auf den Märkten unter freiem Himmel. Der größte davon ist der „Priwos" in Bahnhofsnähe. Beliebt ist auch der „Neue Markt" in der ul. Torgowaja. Die Märkte sind im Sommer von etwa 7.00 bis 19.00 Uhr geöffnet.

Fitness

Zahlreiche Hotels betreiben Saunen, Solarien, Fitnesszentren und Schwimmbäder und beschäftigen Masseure. Hotelgäste dürfen die Einrichtungen meist kostenfrei nutzen. Externe Besucher können vegleichsweise preiswerte Monats- oder Wochenabonnements erwerben oder jeden Besuch einzeln bezahlen. Die Preise schwanken je nach Standard des Hotels und der Einrichtung und beginnen bei etwa 8 Euro (siehe Kapitel Hotels).

Tennis spielen kann man auf folgenden Plätzen:

Tennisakademie, Schewtschenkopark, Tel. +380 /482/ 34 68 21;

Devolanowskij, Tamoschenaja Ploschtschadj 1; Tel. 729 49 88;

Laun-Tennisclub, Französischer Boulevard 85, Tel. 68 38 39;

Djuk, ul. Raskidajlowskaja 56, Tel. 732 15 47;

Olympiez, Prospekt Schewtschenko 31 a, Tel. 60 25 85;

Die Preise pro Stunde betragen zwischen 4 und 8 Euro. Eine Trainerstunde kostet etwa 8 Euro.

Geldautomaten

Im Zentrum der Stadt gibt es zahlreiche Geldautomaten, an denen man mit EC- oder Kreditkarte problemlos Beträge bis zu 4000 UAH (umgerechnet knapp 600 Euro) der ukrainischen Währung abheben kann.

Hafen

Siehe Kapitel Odessa und das Schwarze Meer

Internetcafés

Es gibt mehrere Internetcafes und Internetclubs in Odessa. Hier einige Adressen im Zentrum:

T 21, ul. Sadowaja 5, Tel. +380 /48/ 728 64 79

Aleks, ul. L. Tolstogo 32

X-box, ul Ekaterininskaja 4

Submarina, ul. Preobraschenskaja 49/51, Tel. +380 /482/ 37 71 97

EXE, ul. Malaja Arnautskaja 117, Tel. +380 /48/ 716 57 09

Medien

In Odessa werden zur Zeit rund zwanzig örtliche

Marschroutentaxi

Zeitungen und Zeitschriften in russischer und ukrainischer Sprache herausgegeben. Es gibt neben den terrestrischen Radio- und Fernsehkanälen zahlreiche Sender über Kabel und/oder Satellitenantenne digital zu empfangen. Ausländische Zeitungen in Originalsprache sind leider in Odessa noch nicht erhältlich.

Medizin

Wer ein wirklich ernsthaftes gesundheitliches Problem hat, kann sich an eine der in jedem Stadtbezirk befindlichen Polikliniken wenden. Am besten nimmt man eine einheimische Person oder eine/n Dolmetscher/in mit. Die Ärzte sind freundlich und professionell. Die Behandlung ist kostenfrei. Jedoch wird in den Kliniken gegen Quittung gerne eine Spende angenommen. Diese Quittungen werden von den deutschen Krankenkassen zur Erstattung anerkannt. Neben den staatlichen Polikliniken gibt es private Kliniken, die meistens besser ausgestattet und damit auch teurer sind, nicht immer aber besser. Die Klinik „Intosana" wirbt mit westlichem Ambiente.

ul. Warnenskaja 2a,
Tel. +380 / 48 / 22 23 25

Das Erste-Hilfe-Telefon (auf Russisch „Skoraja pomoschtsch") wird aus dem ukrainischen Festnetz über die Nummer 03 angewählt

Öffentliche Verkehrsmittel

Populär sind in Odessa die Marschroutentaxis. Das sind Kleinbusse, deren Streckenplan ganz Odessa überzieht. Der unabhängig von der Streckenlänge einheitliche Fahrpreis ist mit 1,25 UAH (etwa 0,20 Euro) verhältnismäßig günstig. Allerdings sind diese Kleinbusse zur Hauptverkehrszeit chronisch überfüllt. Aus dem unübersichtlichen Streckenplan seine spezielle Fahrtroute mit der dazugehörenden Nummer des Marschroutentaxis zu herauszufinden ist eine Kunst. Aber Versuch und Irrtum sowie Fragen führen irgendwann zum Erfolg und zum Ziel. Eine Fahrt mit dem Trolleybus oder der Straßenbahn kostet 50 Kopeken (noch keine 10 Cent). Rentner fahren kostenlos.

Polizei

Die Polizei in der Ukraine heißt Milizija, und

Ukrainischer Milizionär

der Polizist ist ein Milizionär. Die Milizionäre sieht man bei Autokontrollen oder wenn sie Politiker eskortieren. Die Miliz reagiert über die Notrufnummer 02 aus dem ukrainischen Festnetz und hilft wirklich, wenn es nötig ist.

Post

Odessas Hauptpostamt liegt zentral in der ul. Sadowaja, in einem schön restaurierten alten Gebäude. Dort werden wie in den zahlreichen Postfilialen der Stadt alle üblichen Postdienste angeboten. Hauptpostamt: ul. Sadowaja 10, Tel. aus dem ukrainischen Festnetz 065, geöffnet von 8 bis 20 Uhr

Preise & Währung

Siehe auch Banken und Geldwechsel.

Einige Preisbeispiele:
10 Eier - etwa 4 Griwna
1 Kilo Brot - 1 bis 3 Griwna
200 g Butter ca. 4 Griwna
1 Liter Milch - 1,5 Griwna
1 Kilo Rindfleisch - ca. 22 Griwna
1 Kilo Schweinefleisch ca. 26 Griwna

Reisezeit

Die beste Reisezeit ist Ende April bis Ende Oktober, Badezeit im Schwarzen Meer Ende Mai bis Ende September

Schiffe & Tragflächenboote

Siehe Odessa und das Schwarze Meer

Seilbahn

Am Französischen Boulevard führt eine kleine Seilbahn zum Strand „Otrada". Sie erspart den anstrengenden Gang über das Steilufer. Die Seilbahnstation ist mit der Straßenbahn Nr. 5 vom Bahnhof aus zu erreichen. Ausstieg bei der 3. Station. Fahrpreis: 10 UAH (etwa 1,50 Euro)

Sprache & Transkription

Odessa ist eine überwiegend russischsprachige Stadt. Die Transkriptionen in diesem Buch orientieren sich daher an der russischen Schreibweise.

Taxi

In Odessa gibt es mehr als 30 Taxifirmen. Sie arbeiten zuverlässig. Die Preise sind verhältnismäßig günstig. Erreichbar aus dem ukrainischen Festnetz über die Telefonnummern 355355, 070, 080, 088, 1010, 1020, 1030 usw.

Auch Privatfahrer halten häufig an, wenn man an der Straße den Arm herausstreckt. Für ein paar Griwna Taschengeld erreicht man so auch sein Ziel. Handeln empfiehlt sich immer.

Telefonieren

Mobiltelefone mit den Karten ausländischer Betreiber funktionieren in Odessa im Roaming-Verfahren einwandfrei. Beim Telefonieren innerhalb der Stadt vom Mobiltelefon aus beachten Sie bitte die unterschiedlichen Ortsvorwahlnummern für Odessa (0482 und 048). Es handelt sich nicht um einen Druckfehler. Bedingt durch Erneuerungsarbeiten am Netz wurde vor die ansonsten sechsstellige Telefonnummer eine Ziffer hinzugefügt. Wenn Sie also eine sechsstellige Ziffer in Odessa von Ihrem Mobiltelefon aus anrufen, wählen Sie die 0482. Ist die Telefonnummer siebenstellig, reicht 048. Darüber hinaus wird bei jeder Einwahl in ein Ortsnetz der Ukraine vorher die 8 gefordert. Also 8048 oder 80482 und dann die Nummer des Anschlusses.

Zum Telefonieren nach Deutschland müssen Sie folgende Ziffernkombination eingeben: 81049 - Nummer des Anschlusses ohne Null.

Günstig telefonieren von Deutschland aus ins ukrainische Festnetz können Sie für ca. 7 Cent und ins ukrainische Mobilfunknetz für ca. 10 Cent über die Vorwahlnummer aus Deutschland 01071 + ukrainischer Ländervorwahl 00380 + Stadtvorwahl + Nummer des Anschlusses.

Theater

(siehe Kapitel Oper und Kultur)

Trinkgeld

Trinkgeld hat sich neuerdings auch in der Ukraine

eingebürgert und wird in angemessener Höhe (10%) als normal empfunden.

Unterhaltung

Siehe Kapitel Essen, Trinken, Ausgehen

Universitäten, Schulen, Kindergärten

Odessa gilt als großes Bildungszentrum in der Südukraine. Es gibt rund zwanzig Hochschulen und Akademien. Die älteste und prominenteste Universität ist die Nationale Odessaer Metschnikow-Universität. Sie unterhält neun Fakultäten. Es studieren dort zahlreiche Studenten auch aus anderen Ländern wie Asien, Afrika, Südamerika. Als Stadt der Seeleute gibt es in Odessa selbstverständlich mehrere Fachschulen für maritime Berufe und Schiffspersonal.

Wohnungen

Sowohl im Zentrum als auch in den Erholungsbezirken gibt es ausreichend Wohnungen westlichen Standards in zu mieten. Je nach Lage und Ausstattung der Wohnung können die Mieten zwischen 7 bis 10 Euro pro m² und mehr betragen. Kontakt über die zahlreichen Immobilienmakler. Informationen in russischer Sprache in den einschlägigen Zeitschriften an jedem Kiosk.

Zeit

In der Ukraine ist es eine Stunde später. Sommer- und Winterzeit entsprechen der in Westeuropa.

Zirkus

Die Stadt bietet einen guten
Staatszirkus in der
ul. Koblewskaja 25,
Tel. +380/482/ 22 19 73

Zoll

Wer mehr als tausend Euro oder Dollar in die Ukraine einführt oder besondere Wertgegenstände (Musikinstrumente u.a.) mitbringt, die wieder ausgeführt werden sollen, füllt am besten eine Zollerklärung aus. Die Formulare liegen am Flughafen in mehreren Sprachen aus.

Zirkus Odessa

Viele Internetseiten existieren außer in Russisch oder Ukrainisch auch in Englisch oder Deutsch

Internetadresse	**Informationen über**
http://www.athenaapartments.com	Hotels, Wohnungen, Einladungen (Russisch und Englisch)
http://www.besthotelsukraine.com	Hotels in Ukraine und Russland, Odessa anklicken (Englisch)
http://www.traveltopia.de/Flug/Odessa-ODS.html	Reiseinformationen, Flugplan, Hotels, Karten (Deutsch)
http://www.avigo.de	Flüge (Deutsch)
http://odessa-ua.com	Unterkünfte, Einladungen, Tourenvorschläge, alles ziemlich übersichtlich gegliedert, klare Preiskategorien für alle Leistungen, Angebote für innerukrainische Reisen (Englisch)
http://www.expodessa.od.ua	Geschäft, Messewesen (Russisch)
http://www.ukraine-tours.de	Reservierungen, Visa Unterstützung, Gruppenreisen, Führungen, Transfer, Ticketservice (Deutsch)
http://www.globus-tours.com.ua	Reisebüro in Odessa Innenstadt, man spricht Deutsch und Englisch (Russisch, Englisch)
http://lstravel.com.ua/	Reisebüro London Sky, im Hafen, man spricht Deutsch, Englisch und Französisch (Englisch, Russisch)
http://www.odessaglobe.com	Odessa (Russisch, Englisch)
http://www.csey.de/ods/ fass.htm	Persönliche Erfahrungen (Deutsch)
http://www.ukraine-eisenbahnreisen.de	Bahnfahrten nach Odessa über Moldau (Deutsch)
http://www.odessaonline.com.ua	Odessa, Fotos (Englisch, Russisch)
http://apartments-odessa.com	Elitewohnungen in Odessa (Russisch, Englisch)
http://www.yellowpages.com.od.ua	Gelbe Seiten Odessa (Ukrainisch)

http://www.slovo.odessa.ua	Lokalzeitung in Odessa (Russisch)
http://www.ODECCA.RU/lechenie_kuyalnik.htm	Kurort Kujalnik und Sanatorien (Russisch)
http://www.ODECCA.RU/sanatorium_kuyalnik.shtm	Sanatorien im Kurort Kujalnik (Russisch)
http://www.OdessaHotels.Ru	Hotels in Odessa (Russisch, Englisch)
http://www.ODECCA.RU	Hotels, Sanatorien, Exkursionen (Russisch)
http://bayernhaus.odessa.ua	Bayerisches Haus, Adressen von Wohnungen in Odessa (Ukrainisch, Russisch, Deutsch)
http://www.odessa-city.com	Odessa (Englisch)
http://www.spravka.od.ua	Suchmaschine für die Städte Odessa, Iljitschowsk, Ismail und die Odessa Region (Russisch)
http://ved.odessa.gov.ua	Gebietsverwaltung der Region Odessa (Ukrainisch, Russisch, Englisch)
http://www.odessitclub.org	Odessa und Odessiten (Russisch)
http://www.smc.odessa.ua/en/index.php	Journal „Sudochotswo“, und Ausstellungshallen im Odessaer Hafen u.a. (Russisch, Englisch)
www.yug.odessa.ua	Regimekritische Zeitung „Jug“
www.garmoniamira.com. ua	Radiosender mit klassischer Musik mit Informationen zu Konzerten und Kulturveranstaltungen
http://www.orcci.odessa.ua	Industrie- und Handelskammer, Region Odessa
http://www.odessapassage.com	Odessa, Wohnungsvermietung für ein bis mehrere Tage (Russisch, Englisch)
http://www.exodus.odessa.ua	Odessa, Firmen und Betriebe
http://www.delfin.odessa.ua	Campingplatz im Norden von Odessa

Hier finden Sie eine Auswahl der im Text erwähnten Straßen und Plätze. Wir haben diese zum besseren Verständnis so geschrieben, wie sie ausgesprochen werden, zum Vergleichen mit den Staßenschildern auch die russische Schreibweise in kyrillischen Buchstaben aufgeführt und eine Übersetzung ins Deutsche angefügt. „Uliza" heißt Straße und wird mit ul. abgekürzt. „Ploschtschadj",(abgekürzt pl.), heißt Platz; Pereulok, (abgekürzt per.) und Spusk sind Gassen.

Aussprache		*Straßenschild in Russisch*	Deutsche Übersetzung
A			A
Admirala Lasarewa ul.	A6:B5:B6:C5	ул. Адмирала Лазарева	Admiral-Lasarew-Straße
Aleksandrowskij Prospekt	C3:C4:D3	Алксандровкий проспект	Alexanderprospekt
B			B
Balkowskaja ul.	A1:A2:A3	ул. Балковская	Schluchtstraße
Basarnaja ul.	B4:C4:D4:E4:F4	ул. Базарная	Basarstraße
Belinskogo ul.	E4:E5:F4	ул. Белинского	Belinskijstraße
Bogdana Chmelnitzkogo ul.	A5:A6:B5:C4	ул. Богдана Хмельницкого	Bogdan-Chmelnitzkij-Straße
Bolgarskaja ul.	A6:B5:B6:C5	ул. Болгарская.	Bulgarische Straße
Bolschaja Arnautskaja ul.	A6:B5:B6:C5	Большая Арнаутская	Große Arnautowstraße
Boulevard Iskusstw	C1	бульвар Искусств	Boulevard der Künste
Bunina ul.	B3:D3:E3	ул. Бунина	Buninstraße
D			D
Dalnizkaja ul.	A5	Дальницкая ул.	Dalnikstrasse
Degtjarnaja ul.	B3:C3	ул. Дегтярная	Degtjarnijstraße
Deribasowskaja ul.	C2:D2:E2	ул. Дерибасовская	Deribasstraße
Detskaja Alleja	E3:F3:F4	Детская аллея	Kinderallee
Devolanowskij Spusk	E2:E3	Деволановский спуск	Devolangasse
Ditrichsona ul.	A2:B2	ул. Дидрихсона	Ditrichsonstraße
Djukowskaja ul.	A2	ул. Дюковская	Djukstraße
Dumskaja Ploschtschadj	D2	Думская площадь	Dumaplatz
Dworjanskaja ul.	B2:C2	ул. Дворянская	Straße der Aristokraten
E			E
Ekaterininskaja ploschtschadj	D2	Екатерининская пл.	Katherinenplatz
Ekaterininskaja ul.	D2:D3:D4:D5	ул. Екатерининская	Katherinenstraße
Ewrejskaja ul.	C3:D3:E3	ул. Еврейская	Jüdische Straße
F			F
Franzuskij Boulevard	E5:F6	Французский бульвар	Französischer Boulevard
G			G
Gawannaja ul.	D2	ул. Гаванная	Hafenstraße
Generala Watutina ul.	B4	ул. Ген. Ватутина	General Watutin-Straße
Generala Zwetajewa ul.	B6:C6	ул. Ген. Цветаева	General Zwetajew-Straße
Gimnasitscheskaja ul.	E4:E5	ул. Гимназическая	Gymnasiumstraße
Glawnaja Alleja	E3:F3	Главная аллея	Hauptallee
Gogolja ul.	D1:D2	ул. Гоголя	Gogolstraße
Gospitalnij Pereulok	F6	пер. Госпитальный	Lazarettgasse
Gretscheskaja Ploschtschadj	D2	Греческая площадь	Griechischer Platz
Gretscheskaja ul.	C2:D2:E2:E3	ул. Греческая	Griechische Straße
I			I
Italjanskij Boulevard	D5:E5	Итальянский бульвар	Italienischer Boulevard
J			J
Jasnaja ul.	F5	ул. Ясная	Helle Straße
Juria Oleschi ul.	E2:E3	ул. Юрия Олеши	Jurij-Olesch-Straße
Juschnaja ul.	B3:B4	ул. Южная	Südliche Straße
K			K
Kanatnaja ul.	E2:E3:E4:E5:E6	ул. Канатная	Schiffstaustraße
Karantinnij Spusk	E2	Карантинный спуск	Quarantänegasse
Karantinnaja ul.	E3	ул. Карантинная	Quarantänestraße
Kartamyschewskaja ul	A4	ул. Картамышевская	Kartamyschewstraße
Knjascheskaja ul.	B1:C1	ул. Княжеская	Fürstenstraße
Koblewskaja ul.	B1:B2:C2	ул. Коблевская	Koblestraße
Kolontajewskaja ul.	A3:B3:B4	ул. Колонтаевская	Kolontajstraße
Komitetskaja ul.	A5:B4	ул. Комитетская	Komiteestraße
Kompositora Nischtschinskogo	A2:B2	ул. Композитора Нищинского	Komponist Nischtschinksij-Straße
Konnaja ul.	B1:B2:C1	ул. Конная	Pferdestraße
Krasnij Pereulok	D2:D3	Красный переулок	Rote Gasse
Krasnoslobodskaja ul.	A1	ул. Краснослободская	Rote Siedlungstraße
Kujbyschewa ul.	C4:D4	ул. Куйбышева	Kujbyschewstraße
Kulikowo Polje	D5:E5	Куликово поле	Kulikowofeld
Kusnetschnaja ul.	B2:B3:C4	ул. Кузнечная	Schmiedstraße
L			L
Lanscheronowskaja ul.	C2:D2:E2	ул. Ланжероновская	Lanscheronstraße
Lejtnanta Schmidta ul.	D4:D5	ул. Лейтенанта Шмидта	Leutnant-Schmidt-Straße
Lermontowskij Pereulok	F5	Лермонтовский пер.	Lermontowgasse
Lidersowskij Boulevard	F3:F4	Лидерсовский бульвар	Lidersowskij Boulevard
Ljapunowa Pereulok	B1:C1	пер. Ляпунова	Ljapunowgasse

M			**M**
Majakowskogo Pereulok	C1:D1	Маяковского переулок	Majakowskijgasse
Malaja Arnautskaja ul.	C4:D4:E4:E5	Малая Арнаутская	Kleine Arnautowstraße
Malanowa Pereulok	B2	Маланова переулок	Malanowgasse
Maneschnaja ul.	B1:B2	ул. Манежная	Manegenstraße
Maraslijewskaja ul.	E2:E3:E4	ул. Маразлиевская	Maraslijewskijstraße
Mariinskaja ul.	E5:E6	ул. Мариинская	Marienstraße
Masterskaja ul.	A3:B3:B4	ул. Мастерская	Handwerkerstrasse
Matrosskij Spusk	A1	Матросский спуск	Matrosengasse
Metschnikowa ul.	B1:B2:B3:B4:C4: C5:C6	ул. Мечникова	Metschnikowstraße
Michajlowskaja pl.	A5	Михайловская пл.	Michaelsplatz
Michajlowskaja ul.	A5:A6	Михайловская ул.	Michaelstraße
Mjasojedowskaja ul.	B4:B5:C5	ул. Мясоедовская	Mjasojedowstraße
Mukatschewskij Pereulok	F5	пер. Мукачевский	Mukatschewogasse
N			**N**
Nachimowa ul.	E2	ул. Нахимова	Nachimowstraße
Nekrasowa ul.	C1:D1	ул. Некрасова	Nekrasowstraße
Neschinskaja ul.	B1:B2:C2:C3	ул. Нежинская	Neschinstraße
Nowaja ul.	E4:E5	ул. Новая	Neue Straße
Nowoselskogo ul.	B2:B3	ул. Новосельского	Nowoselskijstraße
Nowoschtschepnoj Rjad	C5:D5	ул. Новощепной ряд	Neue Holzreihenstraße
O			**O**
Olgijewskaja ul.	B1:C1	ул. Ольгиевская	Olgastraße
Osipowa ul.	D4:E4:E5	ул. Осипова	Osipowstraße
P			**P**
Pantelemonowskaja ul.	C5:D5:E5	ул. Пантелеймоновская	Pantelejmonstraße
Pastera ul.	B1:C1:C2	ул. Пастера	Pasteurstraße
Pirogowskaja ul.	D6:E6:F6	ул. Пироговская	Pirogowstraße
Pirogowskij Pereulok	E6	пер. Пироговский	Pirogowgasse
Polskaja ul.	E3	ул. Польская	Polenstraße
Polskij Spusk	E2	Польский спуск	Polengasse
Preobraschenskaja ul.	C1:C2:C3:C4:C5	ул. Преображенская	Verklärungsstraße
Primorskaja ul.	C1:D1:E1:E2	Приморская ул.	Küstenstraße
Primorskij Boulevard	D1:D2	Приморский бульвар	Küsten Boulevard
Prochorowskaja ul.	A5:B4:B5	Прохоровская ул.	Prochorow-Platz
Puchkinskaja ul.	D2:D3:D4:D5	ул.Пушкинская	Puschkinstraße
R			**R**
Rasumowskaja ul.	A4:B4	ул. Разумовская	Rasumowskijstraße
Risowskaja ul.	A2	ул. Ризовская	Risowstraße
Rischeljewskaja ul.	D2:D3:D4:D5	Ришельевская ул.	Richelieustraße
S			**S**
Sabanejewskij Spusk	D1	Сабанеевский спуск	Sabanejewstraße
Sadowaja ul.	C2	ул. Садовая	Gartenstraße
Sapadnij Pereulok, 2.	A1	2-й Западный пер.	Zweite Westgasse
Schewtschenko Prospekt	E6	Шевченко Проспект	Schewtschenko Prospekt
Schtschepkina ul.	C1:C2	ул. Щепкина	Schtschepkinstraße
Schukowskogo ul.	C3:D3:E3	ул. Жуковского	Schukowskijstraße
Selskochoschajstwennyj Per.	E6	пер. Сельскохозяйственный	Landwirtschaftsgasse
Seminarskaja ul.	D6:E6:F6	ул. Семинарская	Seminarstraße
Skidanowskaja ul.	A1	ул. Скидановская	Skidanow-Straße
Sobornaja Ploschtschadj	C2	пл. Соборная	Kathedralenplatz
Sofijewskaja ul.	C1	ул. Софиевская	Sofienstraße
Sportiwnyj Pereulok	F6	Спортивный пер.	Sportgasse
Srednaja ul.	A4:B4	ул. Средняя	Mittlere Strasse
Srednefontanskaja ul.	D6	ул. Среднефонтанская	Mittlere Springbrunnenstraße
Staroportofrankowskaja ul.	B1:B2:B3	ул. Старопортофранковская	Alte Portofrankostraße
Starosennaja ul.	D5	Старосенная ул.	Altheustraße
Suworowskaja Alleja	E2:F2:F3	Суворовская аллея	Suworowallee
T			**T**
Tamoschenaja Ploschtschadj	E2	Таможенная площадь	Zollplatz
Tiraspolskaja Ploschtschadj	C3	Тираспольская площадь	Tiraspolplatz
Tiraspolskaja ul.	B3:B4:C3	ул. Тираспольская	Tiraspolstraße
Tolstogo Ploschtschadj	B3	Толстого площадь	Tolstoiplatz
Tolstogo ul.	B3:C2:C3	ул. Толстого	Tolstoistraße
Torgowaja ul.	B2:C1	ул. торговая	Handelsstraße
Troizkaja ul.	C3:D3:E3:E4	ул. Троицкая	Troizkistraße
Tschaijkowskogo Pereulok	D2	пер. Чайковского	Tschaikowskigasse
Tschechowa Pereulok	D6	пер. Чехова	Tschechowgasse
Tschornomorskaja ul.	F4:F5	ул. Черноморская	Schwarzmeerstraße
U			**U**
Ujutnaja ul.	F5	ул. Уютная	Gemütliche Straße
Uspenskaja ul.	C3:C4:D4:E4:F4	ул. Успенская	Uspenskijstraße
V			**V**
Vizeadmirala Asarowa ul.	F5	ул. Вице Адмирала Азарова	Vizeadmiral Asarow-Straße
W			**W**
Wery Inber ul.	F4	ул. Веры Инбер	Vera-Inber-Straße
Wodoprowodnaja ul.	C5:C6:D5	ул. Водопроводная	Wasserleitungsstraße
Wodoprowodnij Pereulok, 3	C6:D6	3-й Водопроводный пер.	Dritte Wasserleitungsgasse
Wojennij Spusk	D1	Военный спуск	Militärgasse
Wolschskij Pereulok	D6	Волжский пер.	Wolgagasse
Woronzowskij Pereulok	D1	пер. Воронцовский	Woronzowgasse
Wosnesenskij Pereulok	D6	Вознесенский пер.	Wosnesenskijgasse
Wysokij Pereulok	B6:C6	Высокий пер.	Hohe Gasse

In diesem Register finden Sie alle in diesem Band beschrieben Aspekte, Sehenswürdigkeiten und Museen in Odessa sowie die genannten Ausflugsziele. fett gedruckte Seitenzahlen verweisen auf den Eintrag und / oder ein Foto.

Entdecken Sie Odessa mit uns!

Wir freuen uns, Sie in Odessa einzuführen und mit unseren Partnern für Sie Kontakte und Verbindungen herzustellen, Besichtigungen und Kulturprogramme zu organisieren oder individuelle Geschäftskontakte anzubahnen.

Nadja Helling

Studium der Germanistik an der Odessa-Universität, seit mehr als fünfundzwanzig Jahren Reiseleiterin in Odessa.
E-Mail: helling@eurocom.od.ua
Tel. +380 / 482 / 37 86 20

Brigitte Schulze

Journalistin und Beraterin für Medien, Information, Kultur; seit über zehn Jahren in verschiedenen Projekten in der Ukraine tätig, u.a. in Odessa als Beraterin für Kulturförderung und Tourismus.
E-Mail: BriSchulze@aol.com
Tel. + 380 / 482 / 24 08 16

Odessa Information
Per. Tschaikowskogo 8, App. 14, 65026 Odessa / UKRAINE
Tel. +380 / 48 / 718 20 71, Fax +380 / 48 / 718 20 77

Kontakt in Deutschland
Tel. +49 /881 / 63125, Fax +49 / 881 / 63126
Mobiltel. +380 / 50 / 469 36 47